クスっと
笑えるモチーフ
34点

ちいさな
ちいさな
ぬいぐるみ

実物大

aska.

誠文堂新光社

はじめに

「わぁ、思っていたよりちいさいし、かわいい」

私がつくったぬいぐるみを見せると、必ずみんなが声をそろえてこう言います。どうやら私のつくるぬいぐるみは「思っていたよりちいさい」らしい。そして、それが私のつくるぬいぐるみの個性なのかもと、いつしか思うようになりました。

昔から絵を描くことが好きでした。単純に見えている「モノ」に空想で命を吹き込みキャラクターにしてしまう、そんな絵をたくさん描いていました。でも、私にとって大きな画用紙やキャンバスは広すぎて、中心から大胆にどーんと絵を描くというよりも、端っこのほうから妄想をふくらませたちいさなラクガキたちで、紙を埋めていくのが好きでした。

そんなちいさなラクガキをベースに慣れない手つきでぬいぐるみをつくりはじめたのが、今から14年ほど前です。

この本をつくるにあたってあの頃の自分を思い出しています。

今思えば、下手だったり雑だったりうまくいってないことも多かったけれど、最初にできたぬいぐるみは自分にとって永遠の「ともだち」になりました。

最初に書いたように、思ったよりもちいさなぬいぐるみなので、うまくいかないことや難しいところもあるかもしれません。けれど、そうしてつくったぬいぐるみは、きっと、最初からうまくいくものよりずっと愛おしいはずです。

そして、つくることに慣れてきたら、今度は本には載っていないあなただけのぬいぐるみをつくってみてください。いつかこの本から生まれた、そんなちいさいけれどおおきな「ともだち」に出会えることを願っています。

この本をつくるにあたってたくさんの人に協力をいただきました。本当にありがとうございます。

ちいさなぬいぐるみをつくる楽しみが、たくさんの人に届きますように。

aska.

Contents

Are you ready?

ちいさなちいさなぬいぐるみ

ワールドへようこそ！

なかよしどうぶつ

[くま、パンダ、うさぎ]

同じ型紙でつくれるなかよし3ショット。
うさぎは耳のみ異なります。
このコたちがつくり方の基本になります。

つくり方と型紙 くま⇒P.40、パンダ⇒P.47、うさぎ⇒P.48

どすこいお相撲さんと はっけよい軍配

ちょっと毛量多めで塩をまきすぎるお相撲さん。
眉毛の角度で表情を変えられます。
軍配は愛嬌たっぷりのキョロ目にします。

つくり方と型紙　お相撲さん⇒P.50、軍配⇒P.52

鬼に金棒

こんなにキュートな鬼なら、だれも退治しませんよ〜。
と思ったけれど、豆にやられたもようです。

つくり方と型紙　⇒P.54

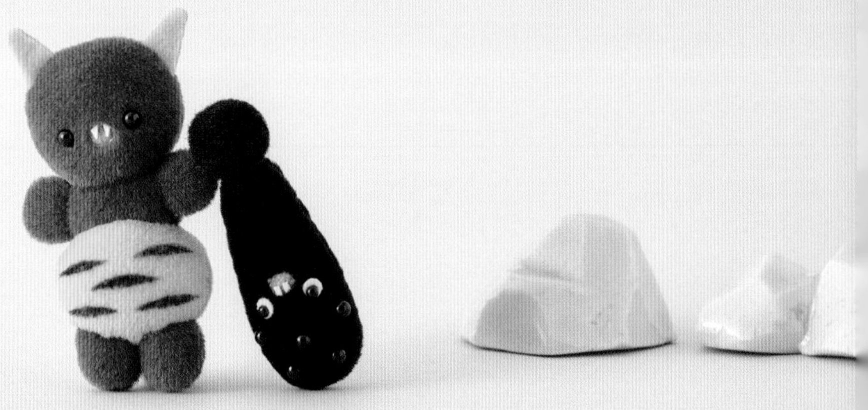

しみしみおでん

私のおでん界のスターは
こんにゃく、だいこん、ちくわです。
あなたの好きな具材をつくってみて。

つくり方と型紙 ⇒P.55

お花と花びん

[ピンクのお花の花びん、青いお花の花びん、オレンジのお花の花びん]

フォルムはみんな違いますが、
つくり方は同じなので、１つつくれたら、
あとの２つも簡単にできるはず。

つくり方と型紙　ピンクのお花⇒P.56、青いお花⇒P.57、オレンジのお花⇒P.57

新鮮おやさい

[なすび、とうもろこし、美脚だいこん]

やさいは新鮮なことが大事！
つぶ綿をぱんぱんに詰めて、フレッシュに仕上げましょう。

つくり方と型紙　なすび⇒P.58、とうもろこし⇒P.59、だいこん⇒P.60

かに

**ハートのハサミをもったラブリーなかにさん。
目は顔にあたる部分の
半分より下のほうにつけると愛らしくなります。**

つくり方と型紙 ⇒P.61

だるまさん

縁起物のだるまさん。
願いごとをしながらつくるもよし、
お祝いなどのプレゼントにするのもよし。

つくり方と型紙 ⇒P.64

寿司ざんまい

[たまごのお寿司、まぐろのお寿司、こぼれイクラの軍艦巻き]

イクラは1個ずつ縫いつけるのでちょっとだけ根気が必要かも。
でも、こぼれるほどたっぷりだからこそ
おいしそうに見えるのです。

つくり方と型紙　たまご⇒P.62、まぐろ⇒P.62、イクラ⇒P.63

三角コーンず

こんなにかわいいコたちに立ち入り禁止と言われたら、
守らないわけにはいきませんよね……。

つくり方と型紙　⇒P.65

ラインの多いボクの
ほうがエライんだよ
（勝手な思い込み）

きつね

ナゾのいきものに化けている？
66ページでサイドスタイルをみてください。
しっぽがしっかりきつねですから！

つくり方と型紙 ⇒P.66

ねずみ

あれ？ 左のきつねとちょっと似ている!?
じつは親戚筋。
耳としっぽが見分けるポイントです。

つくり方と型紙 ⇒P.67

やさしいばんそうこう

こんなコが１枚紛れ込んでいたら、
それはとってもラッキーなばんそうこうです。

つくり方と型紙　⇒P.70

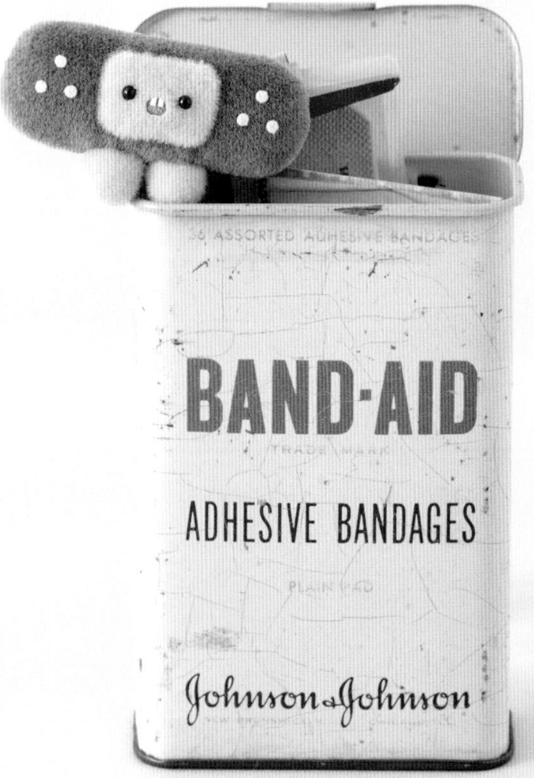

Say Cheese!

みんな、

自由すぎやしない!?

ねこ

カップを倒してカフェオレをこぼした犯人、みっけ！
でも、かわいいから許します。

つくり方と型紙　⇒P.68

サウルス

ちいさなちいさなサウルスでも破壊力は抜群!?
片足上げ、キョロ目、ちょっと出っ歯がチャーミング。

つくり方と型紙 ⇒P.71

海苔おむすびと
すっぱい梅おむすび

お米に梅干しを縫いつけるのが意外と難易度高めです。
できるだけ細かく縫うのがポイントです。

つくり方と型紙 ⇒P.72

イガ栗と栗ぼうや

イガ部分は、
ハリネズミのぬいぐるみをつくるのによく使用される、
ハードチップモヘアという生地を使っています。

つくり方と型紙 ⇒P.74

だっこしてコアラ

ボディに対して頭部はあえて大きめにして、
コドモ感を出しています。
特徴ある鼻はボンテンをカットしてつくります。

つくり方と型紙 ⇒P.75

ガイコツおばけ

かぶりものを取っても怪しい雰囲気のガイコツ。
いろんなコたちに合わせて、かぶりものをつくってみてください。

つくり方と型紙 ⇒P.76

かぶりものしていたの、
ボクってわかった？

かくれんぼ……じゃないよね！？

【道具と材料】

本書で使っている道具と材料を紹介します。まったく同じものをそろえる必要はありません。

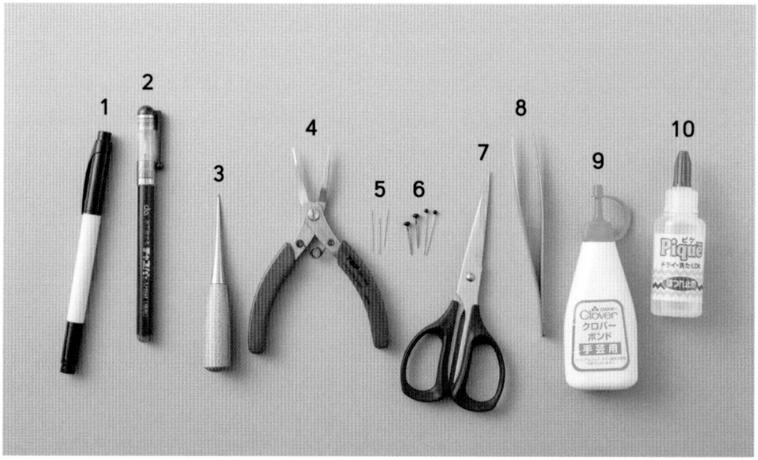

1 油性ペン
2 チャコペン
3 目打ち
4 先の細いペンチ
5 縫い針
（針が細いため針穴が目立たず、細かく縫うのに適しているキルト針がおすすめ）
6 仮目またはまち針
7 手芸ハサミ
8 ピンセット
9 手芸用接着剤
10 ほつれどめ液

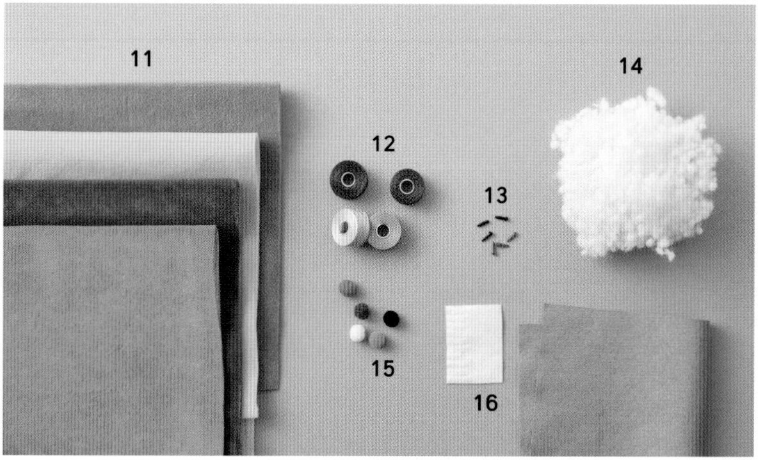

11 布＝ミニチュアファブリック
（テディベア材料専門店などで購入できる。詳細はP.38）
12 ナイロン製手縫い糸
（布の色に合わせる）
13 さし目・直径1.8〜2.5mm
14 つぶ綿
（ぬいぐるみの中身に使用。
ポリエステルの繊維を粒状に加工した手芸綿で、へたりにくく、詰めるときに調整がしやすい）
15 ボンテン・直径8〜12mm
（動物のしっぽなどに使用）
16 スエード、フェルト
（歯や口などに使用）

【布のこと】

この本では、「ミニチュアファブリック」という、ちいさなテディベアづくりなどに用いられる毛足のある布を使っています。毛足の長さは何種類かありますが、基本的に1.2mmのものを使用しています。ネットで検索すると販売店は見つかりますが、一般的な手芸店ならどこでも取り扱っているというわけではなく、わりと高価です。似たような質感で手に入れやすい「トイニット」や「マジッククロス」で代用してもいいでしょう（使用する場合は、布端にほつれどめ液をつけましょう）。ただ、布が異なると、できあがったぬいぐるみの雰囲気も微妙に異なります。下記の写真が布のアップとそれぞれの布でつくったくまになります。どちらがお好みでしょう？ 自分の好きなほうでつくってみてください。

ミニチュアファブリック

トイニット

【つくり方のポイント】

1 玉結びは2回する

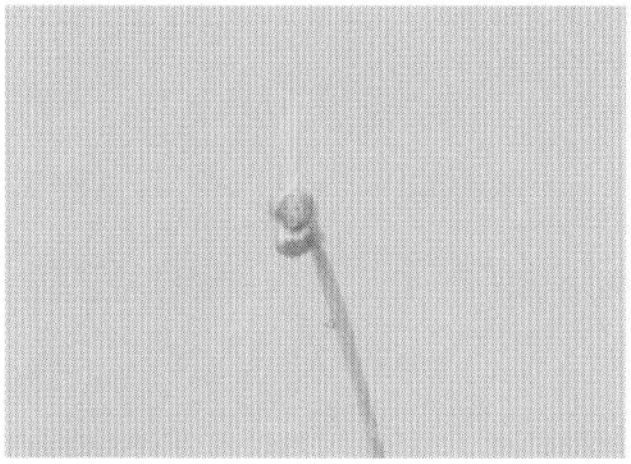

基本的にすべて手縫いです。針に糸を通してから2回玉結びをして結び目を大きくし、抜けないようにします。

2 基本は半返し縫い

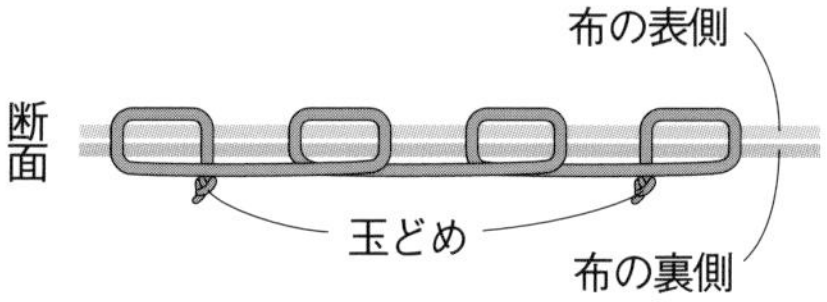

ひと針進んで半針返しながら針を進めていきます。なみ縫いよりも強度が増して丈夫になります。

3 パーツどうしを縫い合わせるときは コの字とじ

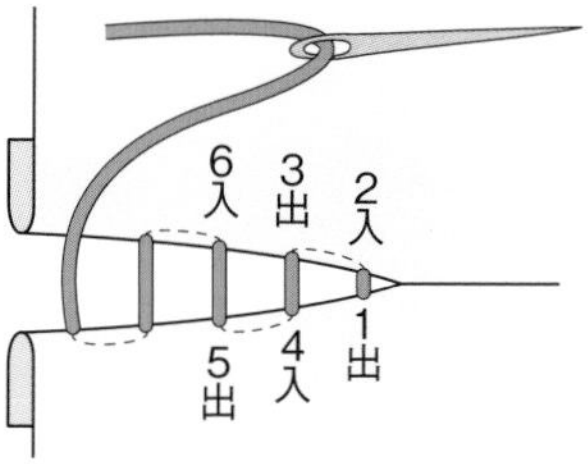

動物の頭部とボディをくっつけるなど、パーツとパーツを縫い合わせるときや返し口はコの字とじで縫います。布と布の間に垂直に針を渡していき、布どうしを突き合わせしていきます。縫い目が表にほとんど出ない縫い方です。

キョロ目（左）と黒目（右）のくま。キョロ目にすると、ちょっととぼけた愛嬌のある表情になります。

4 キョロ目（白目のある丸い目）にするときは、さし目の下に丸く抜いた白いスエードまたはフェルトを使う

キョロ目をつくるのに使う道具と材料

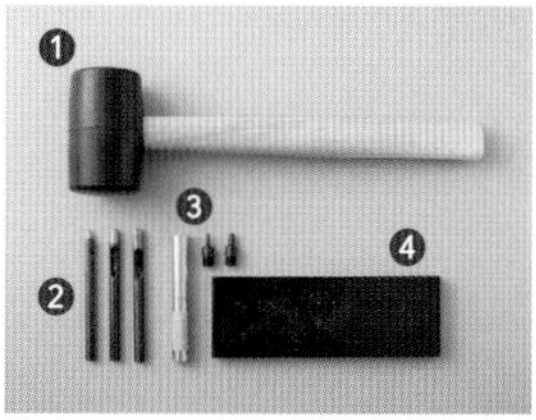

- ❶ ハンマー
- ❷ 穴あけポンチ（直径1mmと2.5mmをそろえておけば、ほぼ大丈夫）
- ❸ 差し替え式穴あけポンチセット ※❷か❸のどちらかがあればOK
- ❹ ポンチ台
- ● 針
- ● 目打ち
- ● 白いスエード（またはフェルト）
- ● さし目

1

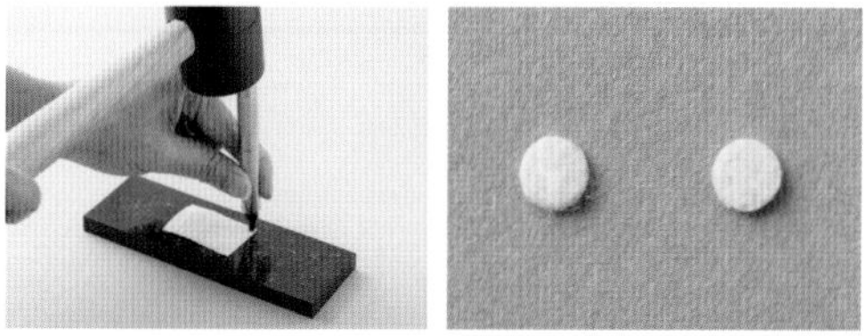

ポンチ台の上に白いスエードまたはフェルトを置きます。その上に直径2.5mmポンチを置き、ハンマーで叩いて抜きます。2個つくります。

2

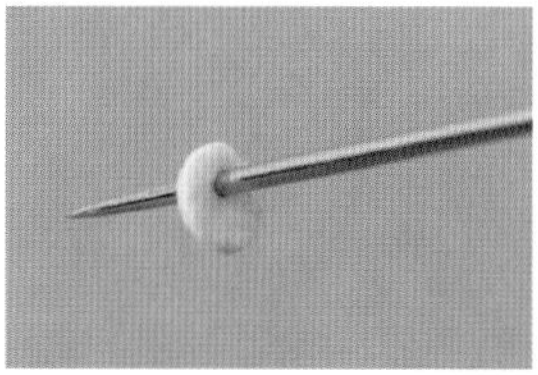

スエードの中心から少しだけずらしたところに針をさします。針を抜き、目打ちをさして針穴を少しずつ広げて大きくします。力を入れすぎて、スエードが破けないように注意します。

3

さし目の足に、**2**を通します。これをぬいぐるみの顔につけます。

【基本のつくり方と型紙】

ぬいぐるみの基本となる「くま」のつくり方で、完成までの流れを確認してみましょう。

※材料の「ミニチュアファブリック」は、つくり方のなかでは「布」で表記しています。
※型紙の中の「↓」は毛の流れを表しています。

なかよしどうぶつ

くま

作品⇒P.9

材料

- ミニチュアファブリック …… 茶：10×8cm
- 口用：ピンクのスエード（またはフェルト） …… 1×1cm以上
- 歯用：白のスエード …… 少量
- 茶色のボンテン …… 直径8mm：1個
- 黒のさし目 …… 直径1.8mm：1個、直径2.5mm：2個
- つぶ綿 …… 適量
- ナイロン製手縫い糸

型紙

- 各パーツは2〜3mmの縫い代をつけて裁つ

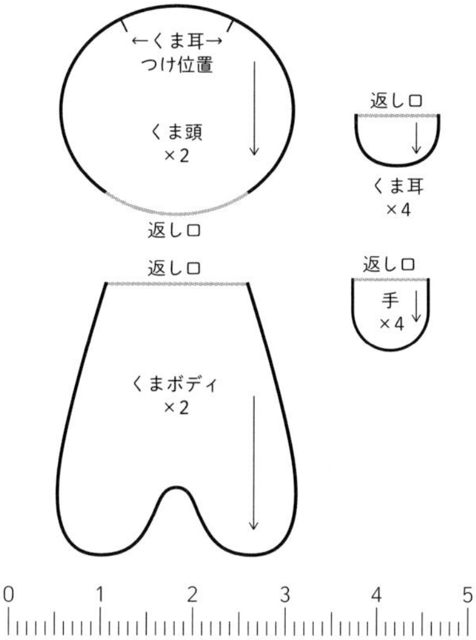

できあがりサイズ：縦4.7×横3.3cm

つくり方 ※糸は見やすくするために、違う色のものを使用しています。

型紙を布に写して、カットする

1

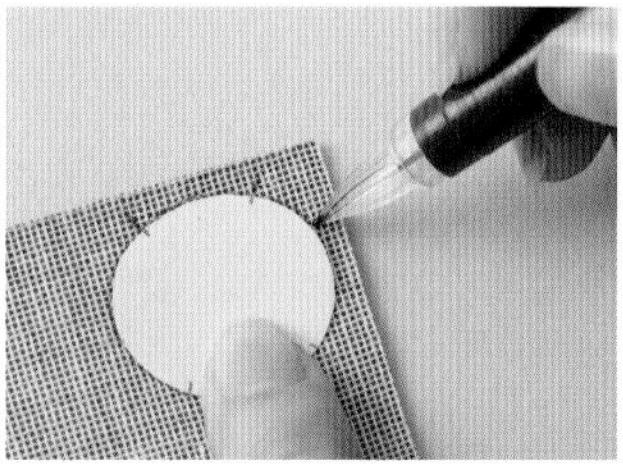

右上の型紙を紙にコピーしてカットします。それを布の裏にのせ、チャコペンで輪郭を写します。

2

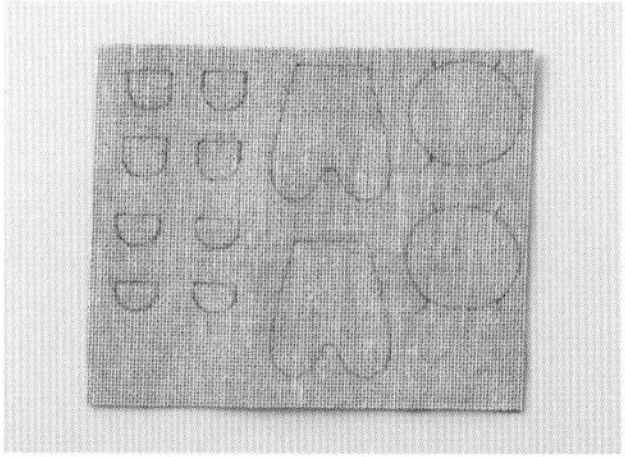

すべての型紙を必要な数だけ写します。

3

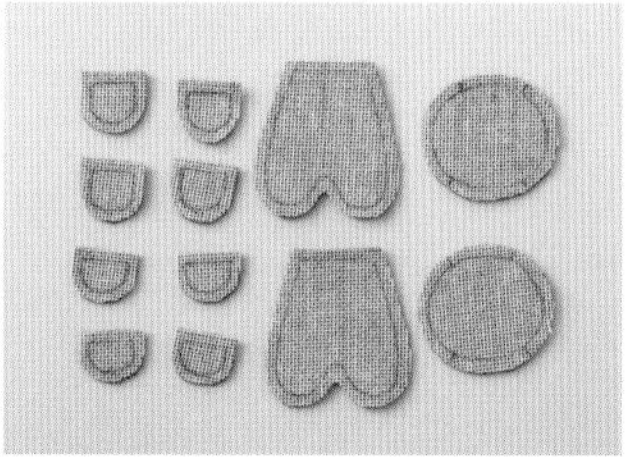

縫い代をつけてハサミでカットします。

頭部をつくる

4

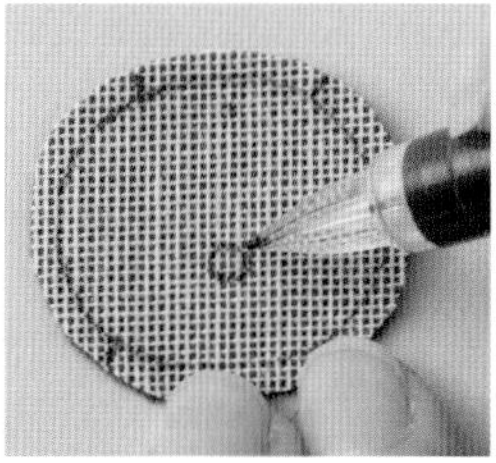

「くま頭」1枚の中心より少し下くらいに、チャコペンで口＝3×2mmくらいの小さな楕円を描きます。

5

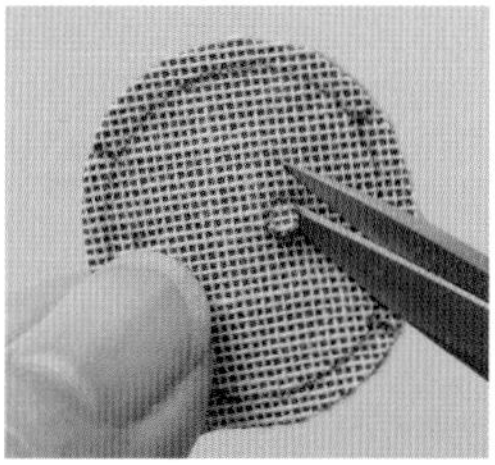

ハサミの先を**4**にさして、切り抜きます。

6

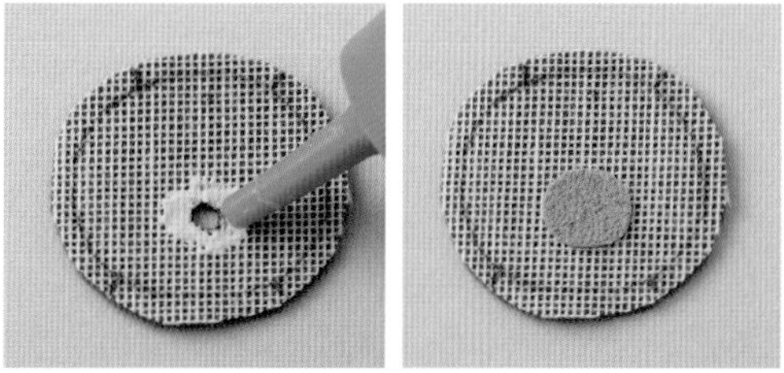

ピンクのスエードを口より2まわりくらい（約10×8mm）大きな楕円にカットします。**5**の穴のまわりに接着剤をつけ、カットしたスエードを貼ります。※**4〜6**は口が開いているぬいぐるみ共通です。

7

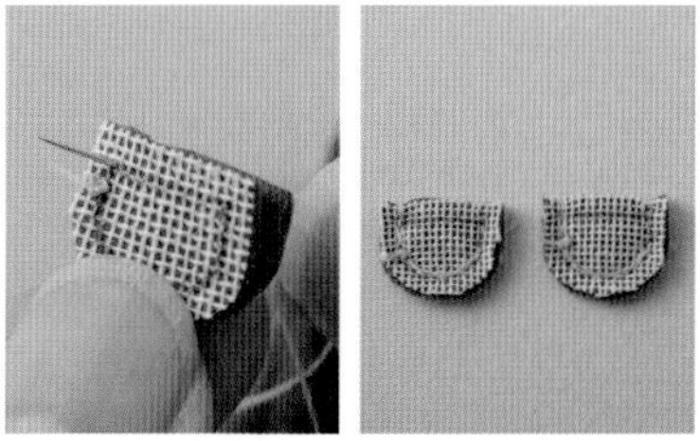

「くま耳」2枚を中表にして、返し口以外を半返し縫い（P.38参照）で縫い合わせます。両耳つくります。

8

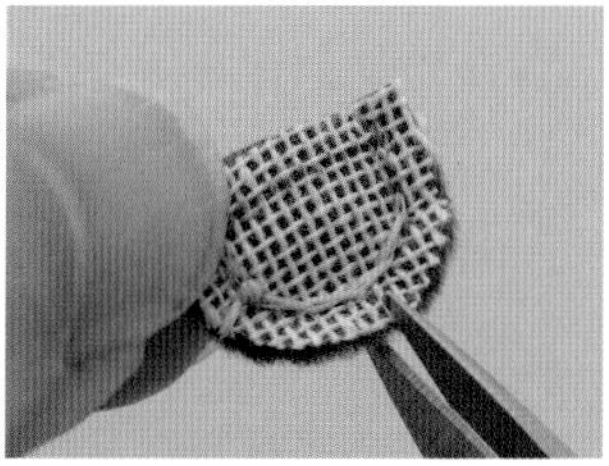

カーブにそってハサミで縫い代に切り込みを入れます。このとき、縫った糸を切らないように注意します。

9

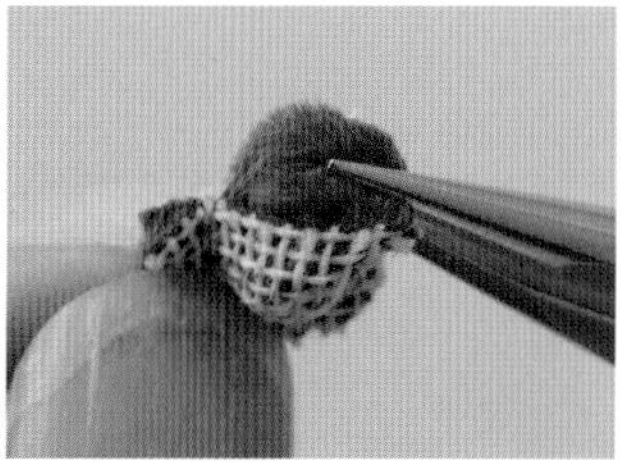

ペンチで挟んで**8**をひっくり返します。このとき、表から引っ張らないように注意しましょう。

10

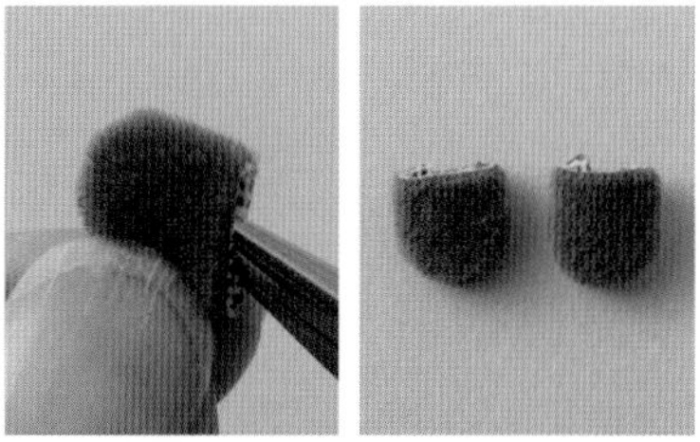

ペンチを耳の中にぐっと押し込んで、形を整えます。

11

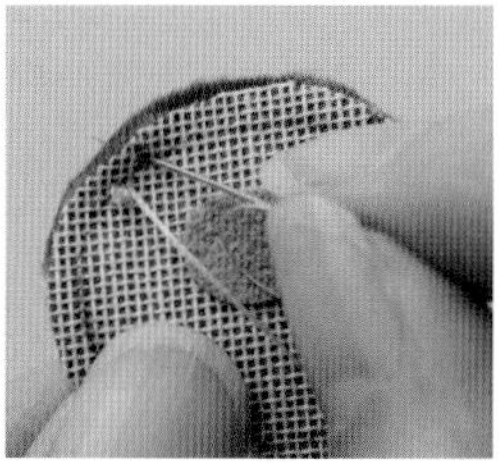

6ともう1枚の「くま頭」を中表に合わせて半返し縫いをします。

12

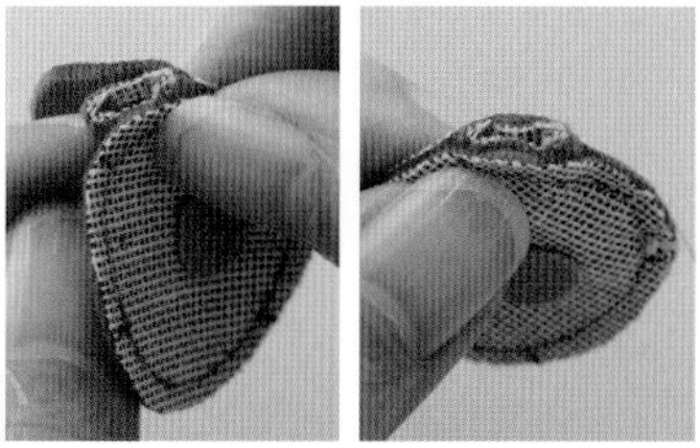

途中、耳のつけ位置に合わせて耳を逆さまに挟み、一緒に縫います。このとき、耳の口元がしっかり見えるように挟み込むのがポイントです。

13

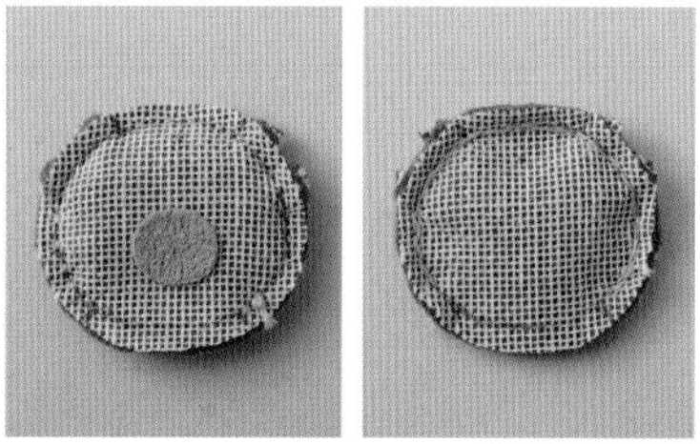

耳2つを挟んで「くま頭」の返し口以外を縫い終えたところです。右は後ろ側です。

14

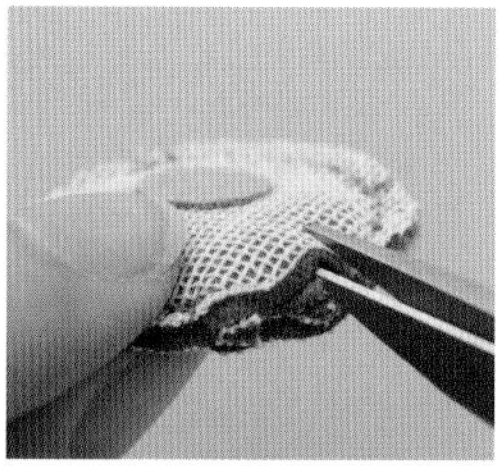

カーブにそってハサミで縫い代に切り込みを入れます。耳を切らないように注意します。

15

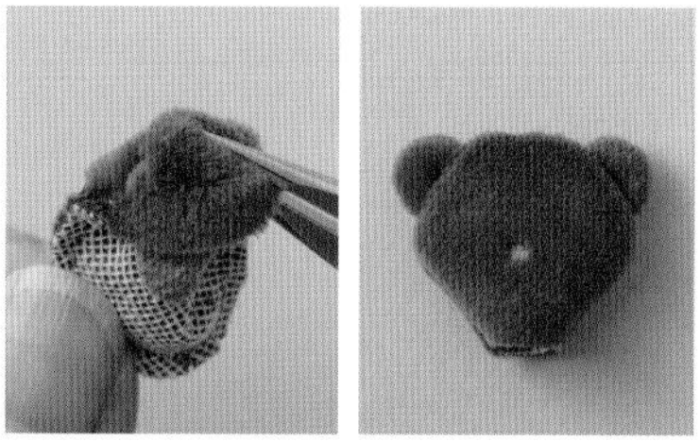

返し口をペンチで挟んでひっくり返します。布の裏側から押し出すようにするのがポイントです。布の表から引っ張ると毛が抜けてしまったり、強く引っ張りすぎると布に穴があいてしまうので注意します。

ボディをつくる

16

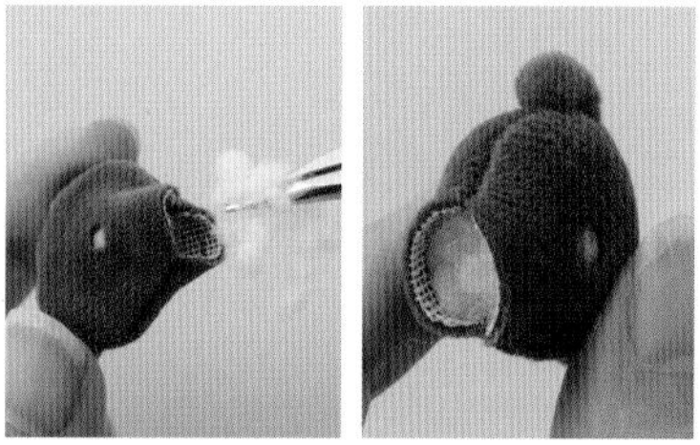

ペンチでつぶ綿をつかんで、返し口から少しずつ詰めていきます。このとき、頭部の両端を持って返し口を広げると入れやすいです。輪郭を整えながら、返し口ギリギリまで詰めるのがポイントです。

17

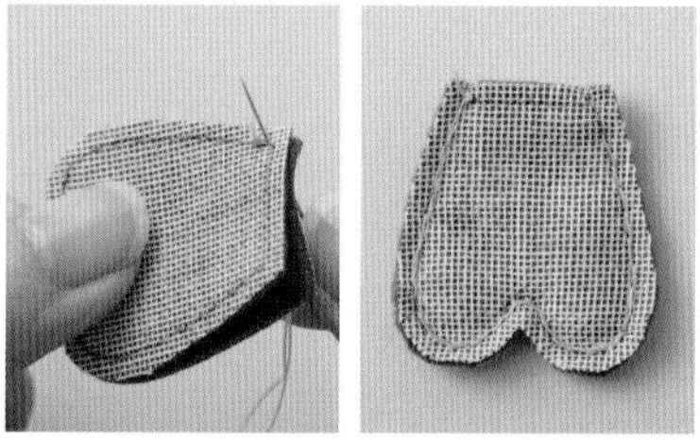

「くまボディ」2枚を中表に合わせて、返し口以外を半返し縫いで縫い合わせます。

18

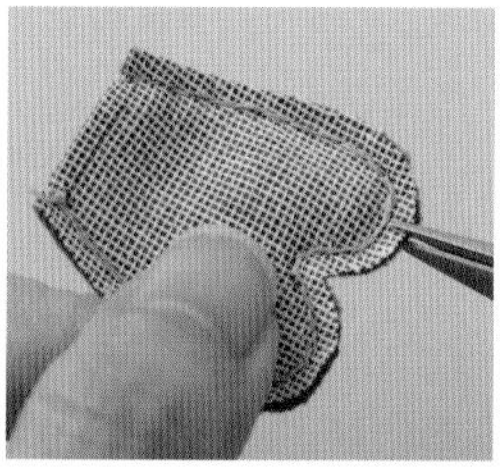

カーブにそってハサミで縫い代に切り込みを入れます。このとき、縫った糸を切らないように注意します。

19

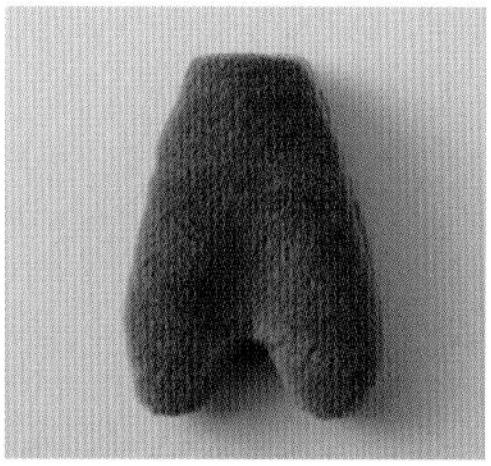

14、**15**と同様にしてひっくり返します。

20

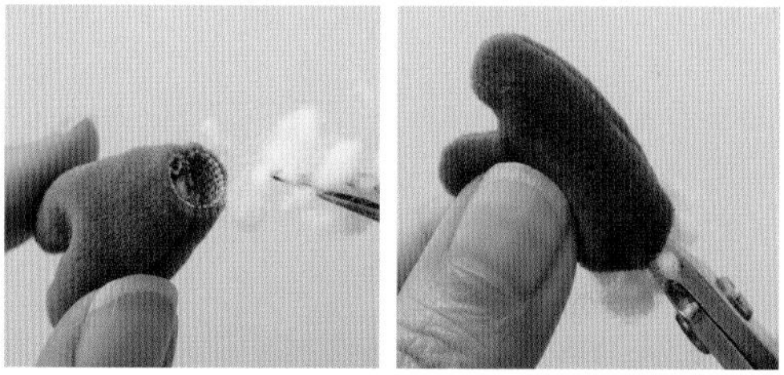

16と同様にしてつぶ綿を詰めます。足先までしっかり詰めていきます。

21

頭部とボディの形ができあがりました。

頭部とボディを縫い合わせる

22

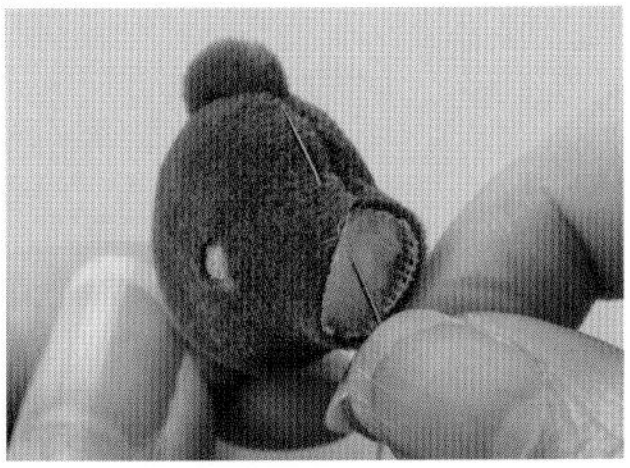

コの字とじ（P.39参照）で頭部とボディを縫い合わせます。まずは、頭部の返し口の端の裏から針をさします。

23

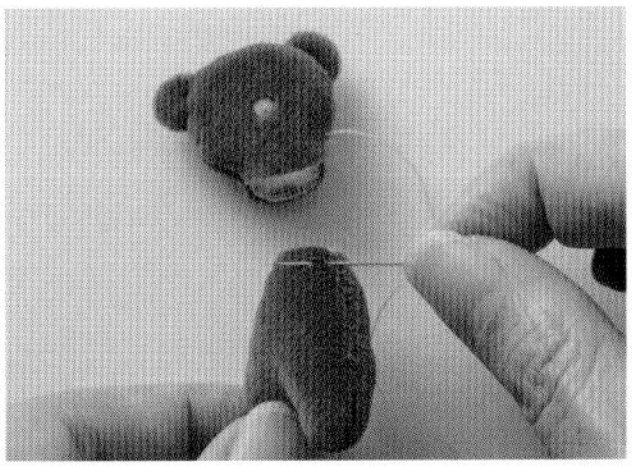

22の針でボディの返し口の端の表をすくいます。

24

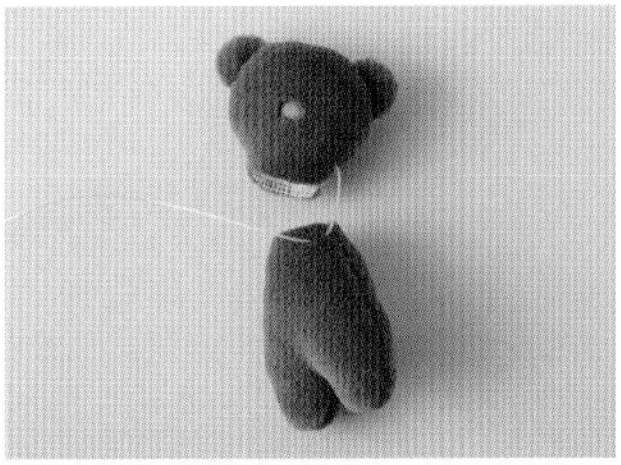

糸を引っ張ります。

25

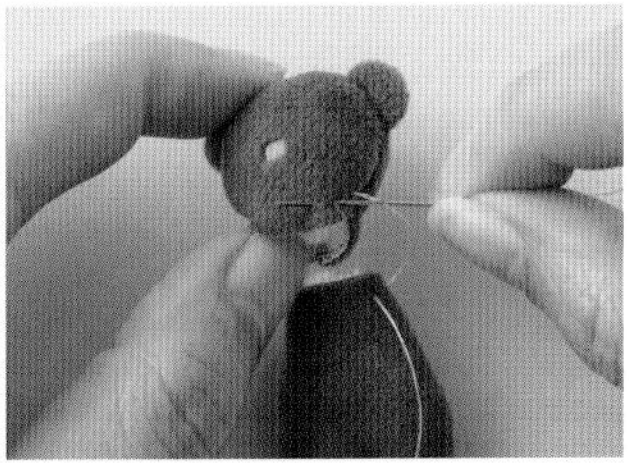

22の糸が出ているひと針先を表からすくいます。

26

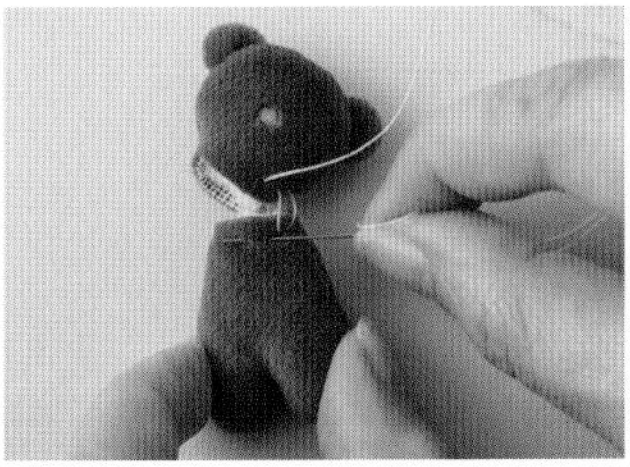

23の糸が出ているひと針先を表からすくいます。

27

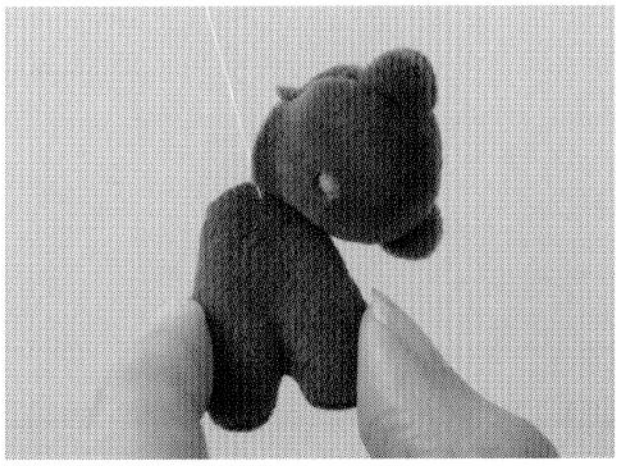

糸を引っ張ります。

28

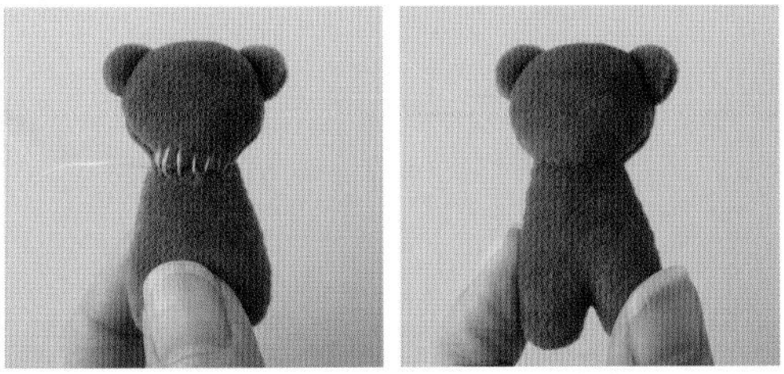

23〜**27**を繰り返してコの字とじをし、頭部とボディを縫い合わせます。最後に糸をしっかりと引っ張るのがポイントです。

29

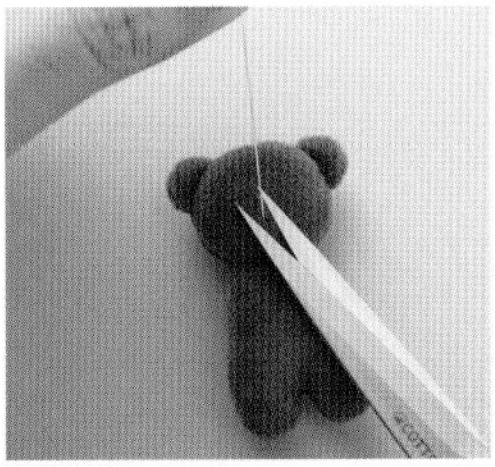

玉どめをし、縫い合わせたところから少し離れたところに糸を出して、引っ張りながらカットし、糸端をなかに引き込みます。

30

頭部とボディがくっつきました。

手をつくって、ボディに縫いつける

31

「手」2枚を**P.41-7、8**と同様にして縫い、ひっくり返してつぶ綿を詰めます。

32

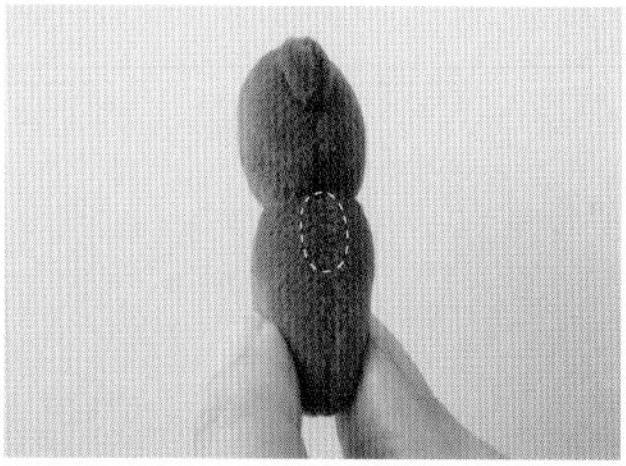

破線のあたりに手をつけます。

33

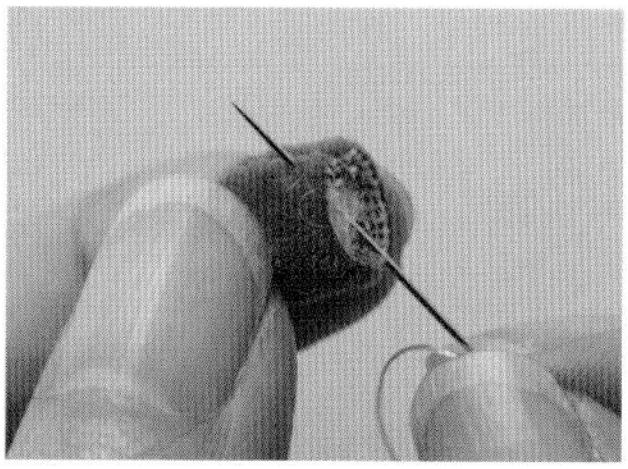

コの字とじで、ボディに縫いつけます。まずは、手の返し口の端の裏から針をさします。

34

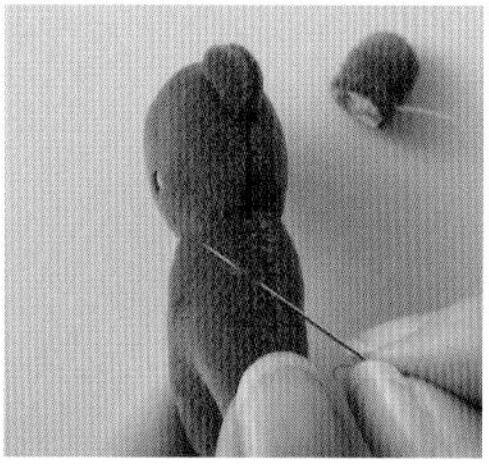

手の下部分から縫いつけます。**33**の針で**32**の破線部分をすくいます。

35

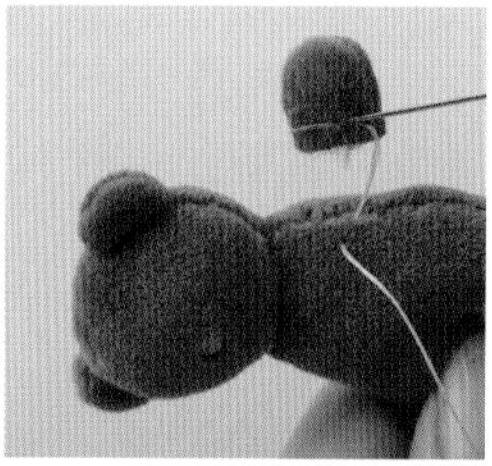

33の糸が出ているひと針先に針を入れ、表からすくいます。

36

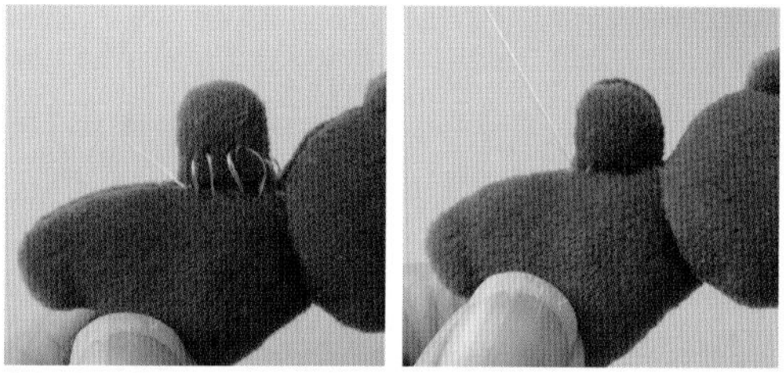

34、35を繰り返してコの字とじをし、ボディに手を縫い合わせます。最後に糸をしっかりと引っ張るのがポイントです。玉どめをし、縫い合わせたところから少し離れたところに糸を出して、引っ張りながらカットし、糸端をなかに引き込みます。

37

もう片方の手も同様にして縫いつけます。

しっぽを縫いつける

38

玉結びをしない糸を通した針で、しっぽをつけるあたりをすくいます。

39

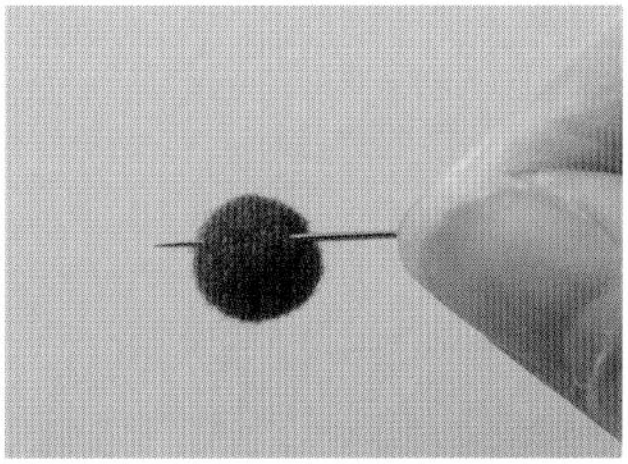

38の針を糸10cmくらい残してボンテンにさします。ボンテンの中にあるかたい芯にささるようにするのがポイントです。

40

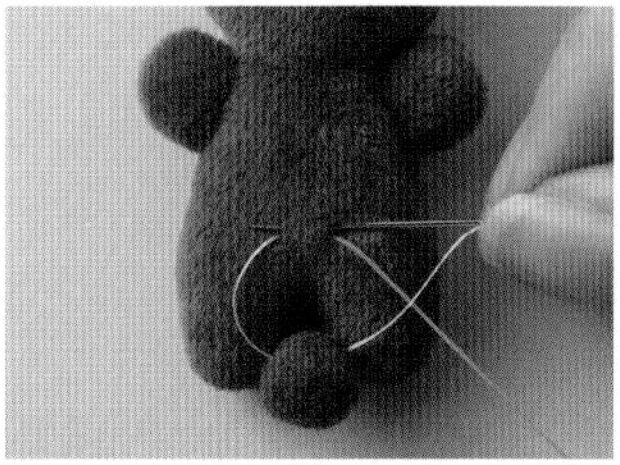

38の糸の上あたりをすくいます。

41

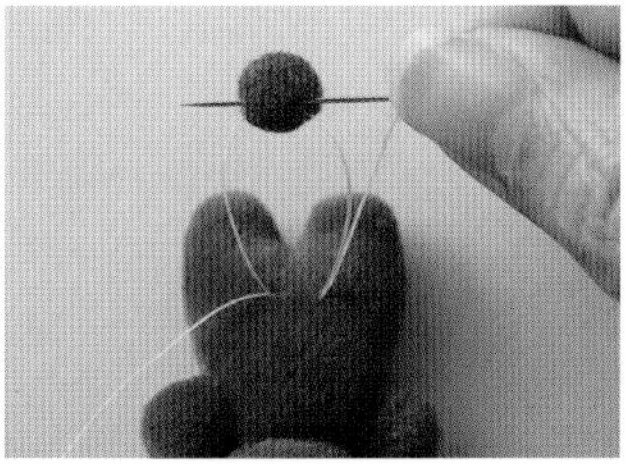

またボンテンにさします。

42

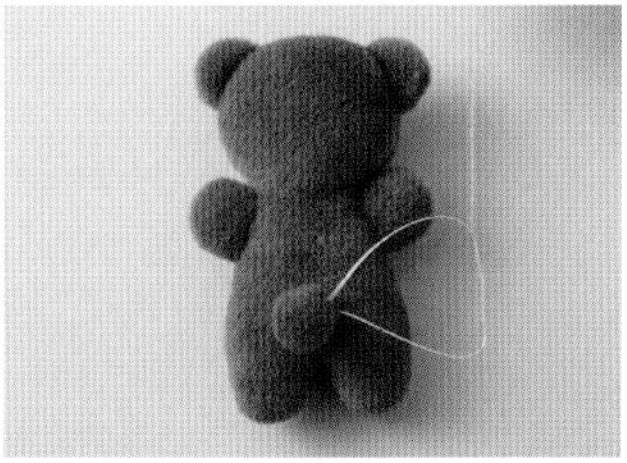

糸を引き、**39**で残しておいた糸と最後の糸を固結びにします。

43

残った糸を針穴に通します。

44

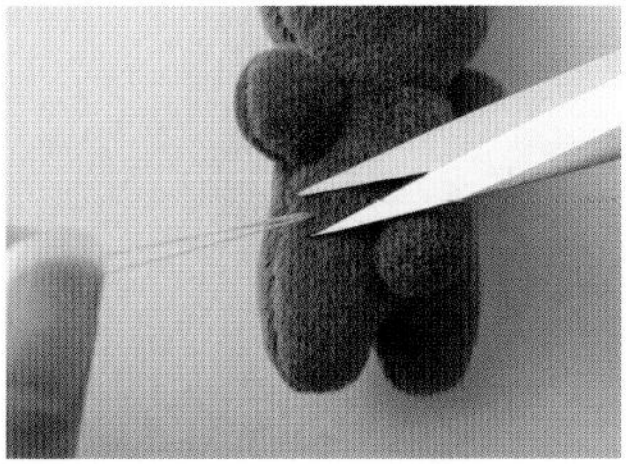

縫い合わせたところから少し離れたところに糸を出して、引っ張りながらカットします。

45

しっぽがつきました。

顔のパーツをつける

46

歯をつくります。白のスエードを1×2mmに2つカットします。

47

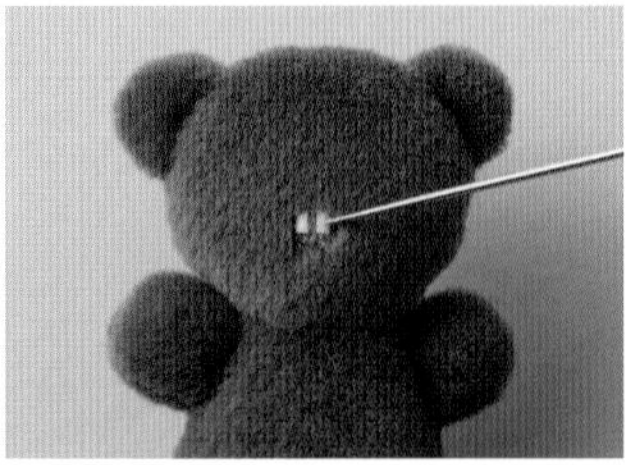

口の部分に針など先端の細いものを使って接着剤をつけ、歯を貼ります。

48

口の上に目打ちをさして、鼻をさすための穴をあけます。

49

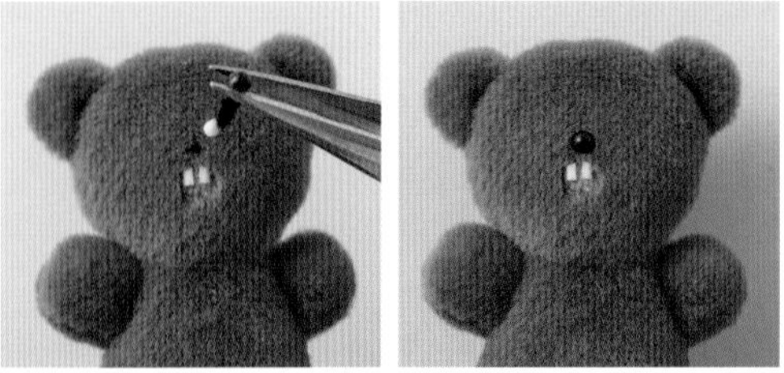

1.8mmさし目の足の先端に接着剤をつけ、**48**であけた穴にさし込みます。接着剤がはみ出ないように注意しましょう。

50

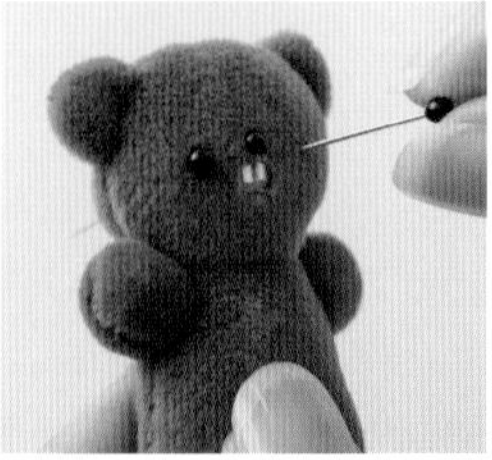

まち針をさして仮の目にし、バランスを見て目の位置を決めます。

51

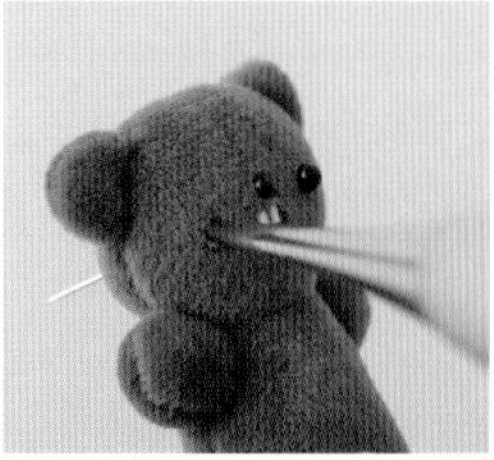

50で決めた位置に目打ちをさして穴をあけ、2.5mmさし目を**49**と同様にしてさし込みます。

できあがり！

【つくり方と型紙】

なかよしどうぶつ
パンダ

作品⇒P.9

材料

- ミニチュアファブリック …… 白：7×5cm、黒：7×5cm
- 口用：ピンクのスエード（またはフェルト） …… 1×1cm以上
- キョロ目、歯用：白のスエード …… 少量
- 目のまわり用：黒のスエード …… 1×2cm
- 白のボンテン …… 直径8mm：1個
- 黒のさし目 …… 直径1.8mm：3個
- つぶ綿 …… 適量
- ナイロン製手縫い糸

準備しておくこと

- P.39を参照して、キョロ目をつくっておきます。

つくり方

1 P.40-1〜P.42-16と同様にして、布をカットし、頭部をつくります。

2 ボディと切り替え部分を半返し縫いで縫い合わせます。

3 P.42-17〜P.46-50と同様にして、ボディをつくって頭部と縫い合わせ、手やしっぽを縫いつけます。歯や鼻をつけ、目の位置を決めます。

4 目の位置に目打ちをさして穴をあけます。

5 黒のスエードを直径6mmに2個カットします。

6 5にキョロ目をさし、スエードの裏とさし目の足の先端に接着剤をつけ、4であけた穴にさし込みます。

型紙

- 各パーツは2〜3mmの縫い代をつけて裁つ
- ボディと切り替えは別に裁ち、
それぞれに縫い代をつける

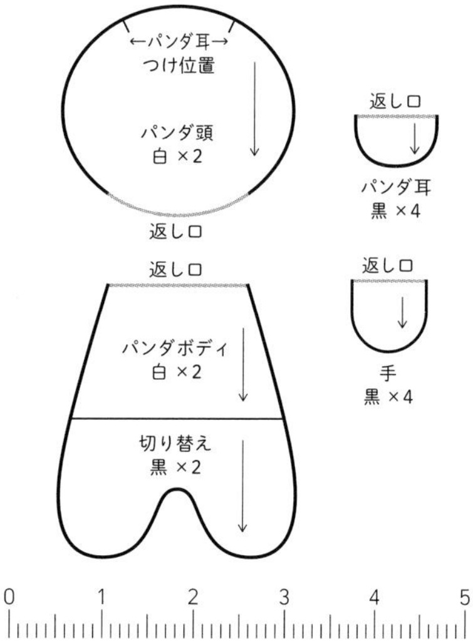

できあがりサイズ：縦4.7×横3.3cm

なかよしどうぶつ

うさぎ

作品⇒P.8

材料

- ミニチュアファブリック …… ピンク：10×7cm
- 口用：ピンクのスエード（またはフェルト） …… 1×1cm以上
- 歯用：白のスエード …… 少量
- ピンクのボンテン …… 直径8mmまたは10mm：1個
- 赤のさし目 …… 直径2mm：1個
- 黒のさし目（または赤のさし目） …… 直径2.5mm：2個
- つぶ綿 …… 適量
- ナイロン製手縫い糸

型紙

- 各パーツは2～3mmの縫い代をつけて裁つ

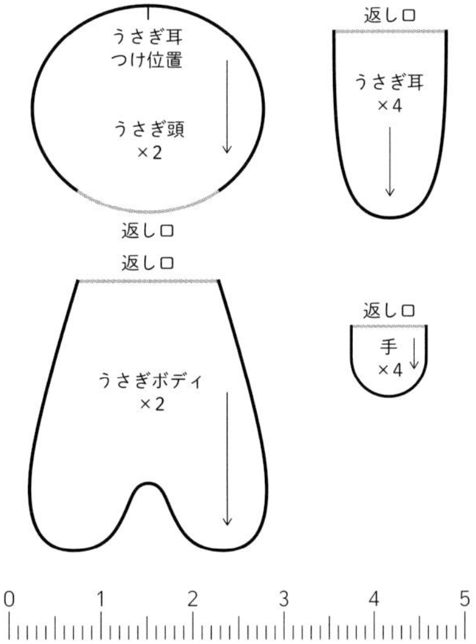

できあがりサイズ：縦6×横3.3cm

つくり方 ※見やすくするために、糸は違う色のものを代用しています。

1 **P.40-1～P.41-10**と同様にして、布をカットし、頭部をつくります。

2

耳のつけ根を固定します。15cmくらいの玉結びなしの糸を針に通し、つけ根の中心をかがります。

3

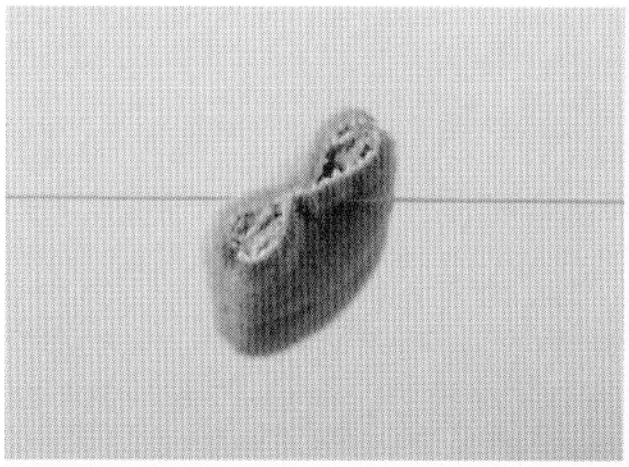

糸の端と端を引っ張ります。

4

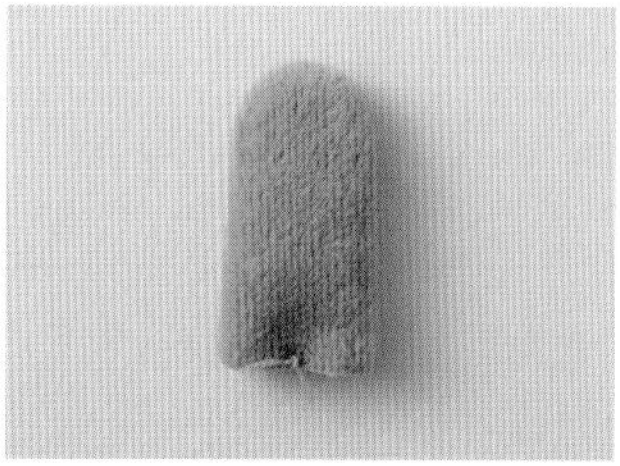

固結びをして、余分な糸をカットします。

5

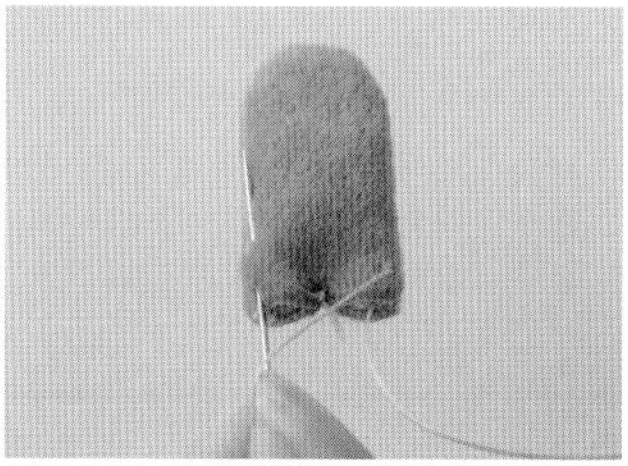

15cmくらいの玉結びなしの糸を通した針を端の内側からさして、反対側の端を表からすくいます。

6

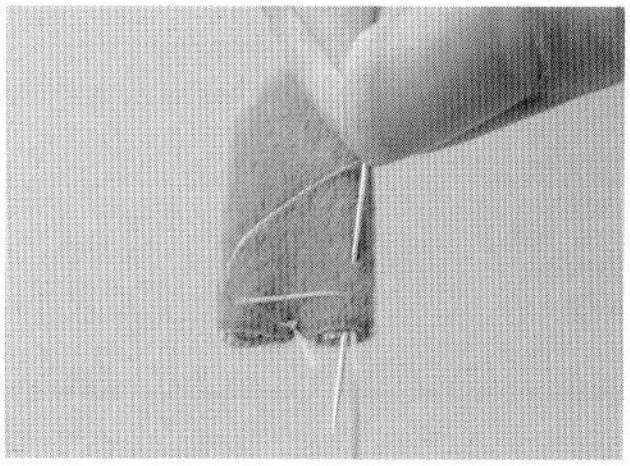

また反対側の端の内側から出します。

7

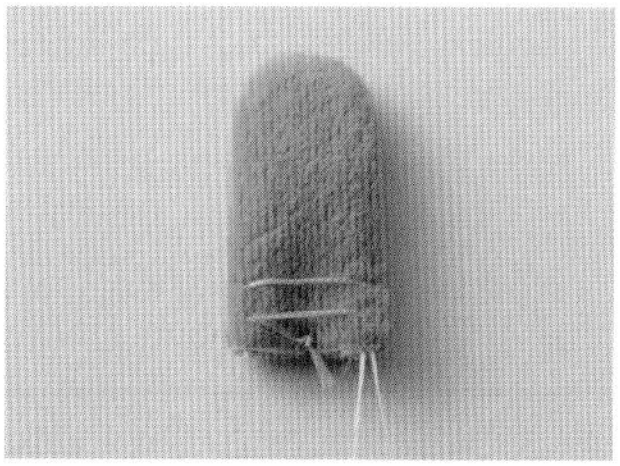

そのまま耳の付け根から糸を出します。

8

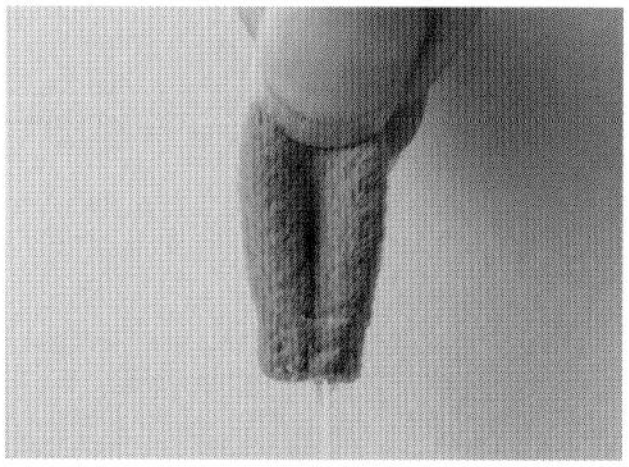

糸の端と端を引っ張ります。

9

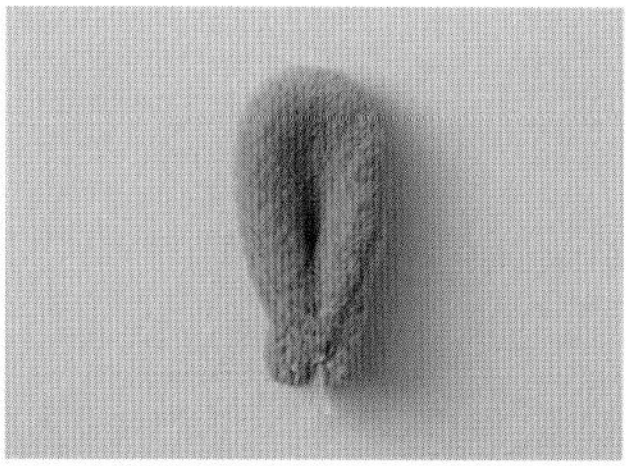

固結びをして、余分な糸をカットします。

10

P.41-11～P.46-51と同様にして仕上げます。

どすこいお相撲さん

作品⇒P.10

型紙

- 各パーツは2〜3mmの縫い代をつけて裁つ
- 髪と顔は別に裁ち、それぞれに縫い代をつける

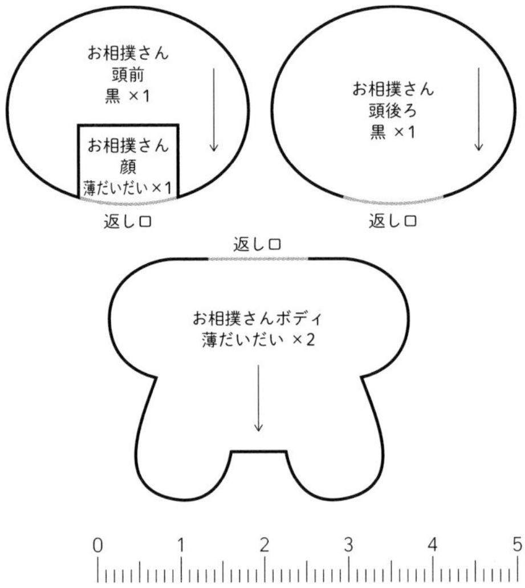

できあがりサイズ：縦5×横3.5cm

材料

- ミニチュアファブリック …… 黒：4×7cm、薄だいだい：7×7cm
- 口用：ピンクのスエード（またはフェルト） …… 1×1cm以上
- 眉毛用：黒のスエード …… 少量
- 歯用：白のスエード …… 少量
- 黒のボンテン …… 直径12mm：1個
- 紫のベルベットリボン …… 幅7mm：8cm、2.5cm
- 紫のリリアン糸 …… 1.5cm：6本
- 黒の綿ローン（薄地の布なら何でもOK） …… 5mm×1.5cm：2枚
- 黒のさし目 …… 直径2mm：2個
- つぶ綿 …… 適量
- ナイロン製手縫い糸

つくり方

1 **P.40-1〜P.41-6**と同様にして、布をカットし、口をつくります。

2 「お相撲さん頭前」と**1**の「お相撲さん顔」を半返し縫いしで縫い合わせます。

3 **2**と「お相撲さん頭後ろ」を中表に合わせて半返し縫いで縫い合わせます。

4 カーブにそってハサミで縫い代に切り込みを入れます。このとき、縫った糸を切らないように注意します。

5 返し口をペンチで挟んで、**4**をひっくり返し、つぶ綿を詰めます。

6 「お相撲さんボディ」2枚を**P.42-17〜20**と同様にしてつくります。

7 **P.43-22〜29**と同様にして頭部とボディを縫い合わせます。

8 **P.45-38〜44**と同様にして、頭頂部にボンテンを縫いつけます。

9 **P.46-46〜51**と同様にして歯と目をつけ、黒のスエードを好みの眉の形にカットし、接着剤をつけて目の上に貼りつけます。

10

まわしをつくります。ベルベットリボンを用意します。カットした部分にほつれどめ液をつけて乾かします。

11

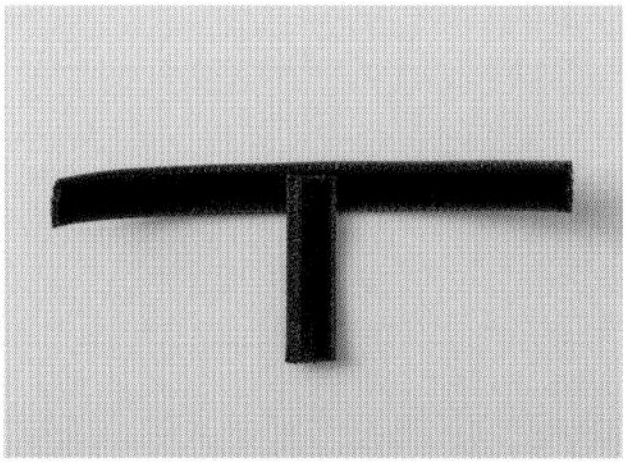

8cmリボンの中心に接着剤をつけ、2.5cmリボンを貼り合わせます。

12

8cmリボンの両端に接着剤をつけ、お相撲さんの腹まわりに巻いて丸くクセづけさせながら貼り合わせます。お相撲さんからいったんはずして、乾かしておきます。

13

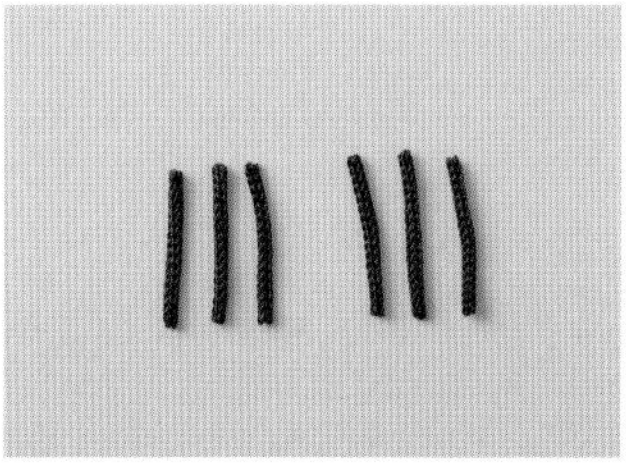

6本のリリアン糸の片方の端だけに、ほつれどめ液をつけて乾かします。

14

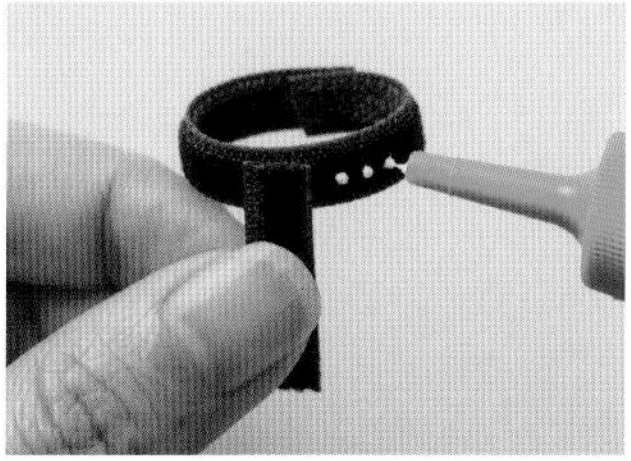

まわしの中心から両サイドに向けて3ヶ所ずつ接着剤をつけます。

15

13のほつれどめ液をつけたほうを下にして貼ります。

16

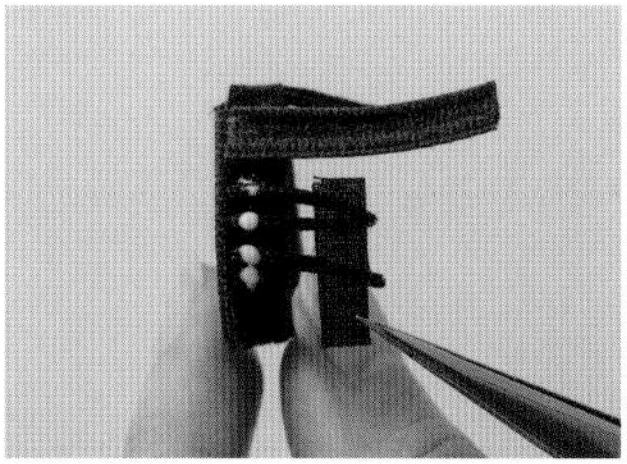

15のリリアンを貼った部分に接着剤をつけ、黒の綿ローンを貼りつけ、リリアン糸の接着部分を隠します。

17

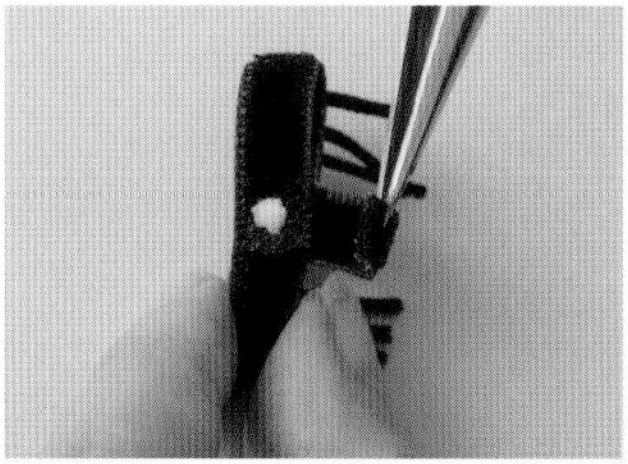

まわしの貼り合わせた部分に接着剤をつけ、短いリボンをわにして貼りつけます。接着剤が乾いたら、ひっくり返します。

18

お相撲さんに**17**をはかせ、油性ペンで胸を描きます。

はっけよい軍配

作品⇒P.11

材料

- ミニチュアファブリック …… 黒：8×8cm
- 口用：ピンクのスエード（またはフェルト） …… 1×1cm以上
- 太陽用：黄色のスエード …… 6×6mm
- キョロ目、歯、月用 …… 6×6mm（月）、少量（キョロ目、歯）
- 黒のさし目 …… 直径1.8mm：2個
- 紫のリリアン糸 …… 50cm、8cm、2〜3cm：各1本
- つぶし玉 …… 3mm：1個
- つぶ綿 …… 適量
- 紫の25番刺繍糸 …… 1本どり適量
- ナイロン製手縫い糸

型紙

- 各パーツは2〜3mmの縫い代をつけて裁つ

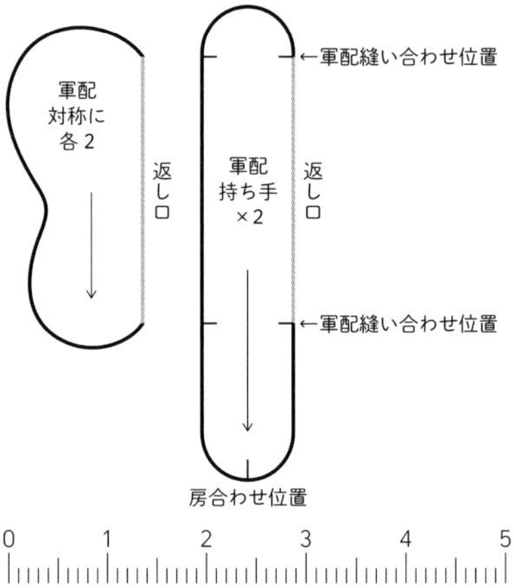

できあがりサイズ：縦4.8（房含まず）×横3.5cm

準備しておくこと

- P.39を参照して、キョロ目をつくっておきます。
- 黄色のスエードを直径6mmの丸に、白のスエードを三日月形にカットしておきます。

つくり方

※見やすくするために、リリアン糸と違う色の刺繍糸を代用しています。

1

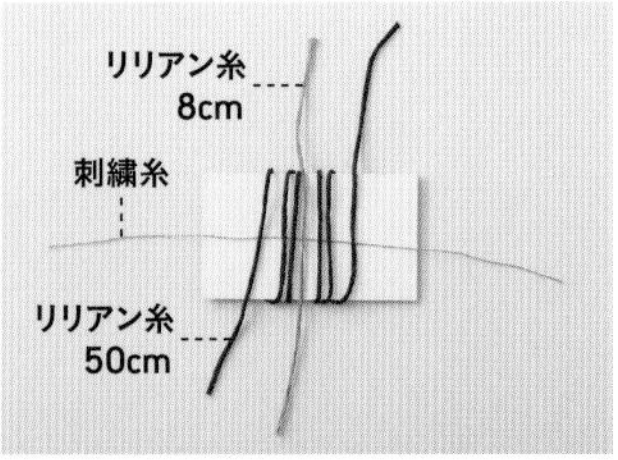

房をつくります。4cm幅の厚紙に刺繍糸1本どり18cmを横中心に置き、リリアン糸50cmを6回巻きつけます。リリアン糸8cmを縦中心に置きます。

2

横中心に置いた刺繍糸を固結びにし、余分な糸はカットします。

3

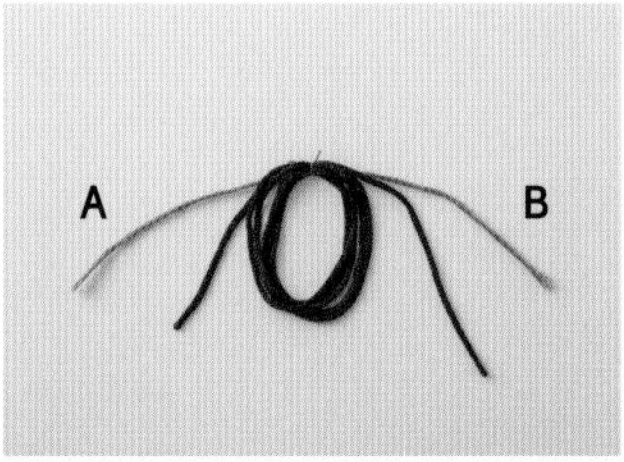

厚紙からはずします。

4

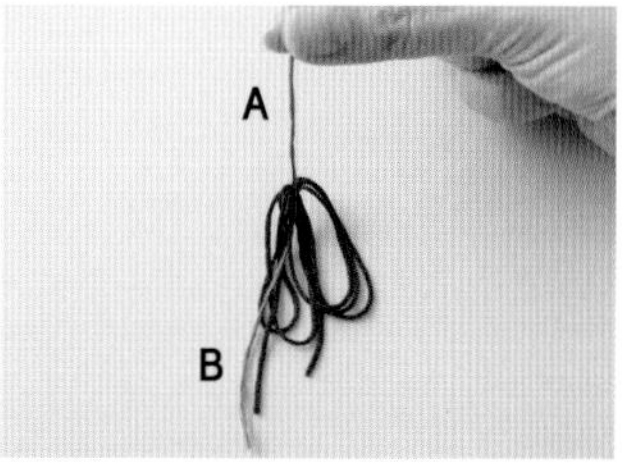

Aを持ち上げます。

5

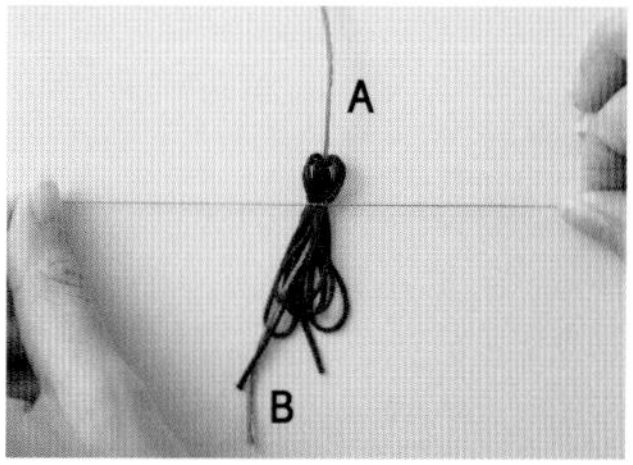

房の頭の芯をつくります。刺繍糸をリリアン糸の上部にまわして固結びし、リリアン糸を整え、余分な糸はカットします。

6

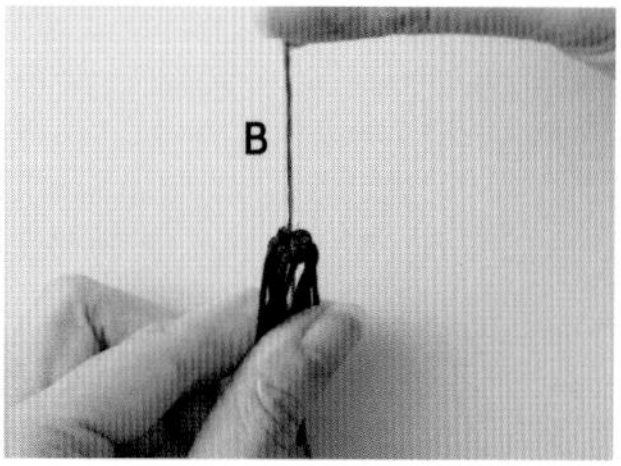

5でつくった芯にリリアン糸をかぶせるように**B**を持ち、**B**が中心にくるように整えます。

7

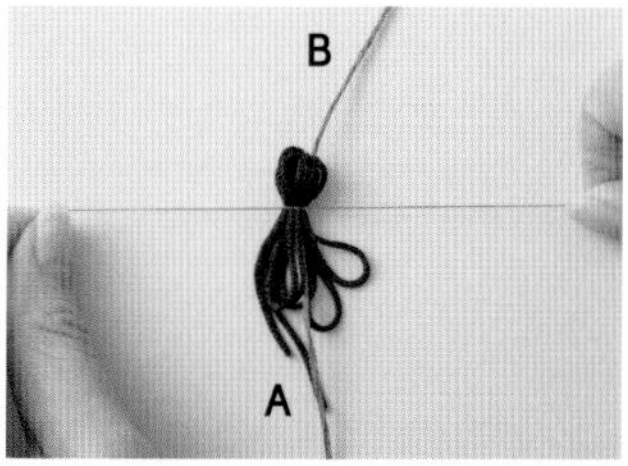

刺繍糸をリリアン糸の上部にまわして固結びし、リリアン糸が重ならないように整え、余分な糸はカットします。

8

7で結んだ糸の部分に接着剤をつけ、リリアン糸2〜3cmを巻きつけて、余分はカットします。

9

下部をハサミで切りそろえ、先端にほつれどめ液をつけます。リリアン糸の好みの長さのところにつぶし玉を通して挟み、房の完成です。

10 **P.40-1〜P.41-6**と同様にして、布をカットし、口をつくります。

11 「軍配」左右各2枚を**P.42-17〜20**と同様にしてつくります。

12 「軍配持ち手」2枚を中表に合わせて半返し縫いをし、房合わせ位置のところまできたら、房のつぶし玉を挟んで半返し縫いをします。

13 カーブにそってハサミで縫い代に切り込みを入れ、返し口をペンチで挟んでひっくり返し、持ち手につぶ綿を詰めます。返し口をコの字とじで縫い合わせます。

14 **P.44-33〜36**と同様にして**13**の左右に**11**をコの字とじで縫い合わせます。

15 月と太陽の形にカットしたスエードを接着剤で貼り、**P.46-46〜51**と同様にして歯とキョロ目をつけます。

鬼に金棒

作品⇒P.12

鬼

材料

- ミニチュアファブリック
  …… [赤鬼] 赤：7×7cm、黄色：6×3.5cm
  [青鬼] 青：7×7cm、黄色：6×3.5cm
- 口用：ピンクのスエード（またはフェルト）
  …… [赤鬼、青鬼各] 1×1cm以上
- 歯用：白のスエード …… [赤鬼、青鬼各] 少量
- 角用：黄色のフェルト
  …… [赤鬼、青鬼共通] 3×2cm：2枚
- 黒のさし目
  …… [赤鬼、青鬼各] 直径2.5mm：2個
- つぶ綿 …… [赤鬼、青鬼各] 適量
- ナイロン製手縫い糸

つくり方

1 P.40-1～P.41-6と同様にして、布をカットし（角は除く）、口をつくります。

2

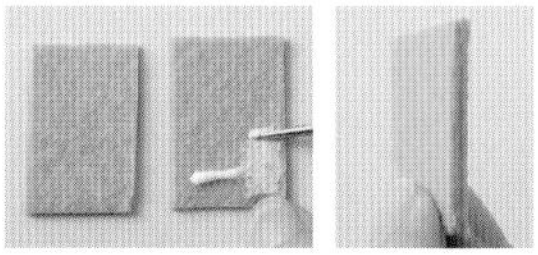

角をつくります。黄色のフェルト1枚全体に接着剤をつけ、もう1枚と貼り合わせ、乾かします。

3

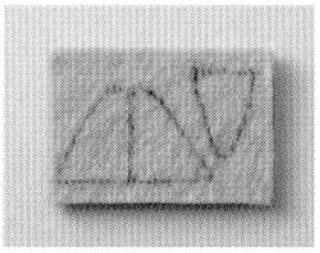

2に角の型紙をのせ、チャコペンで輪郭を写します。

4

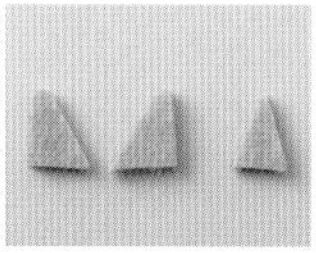

ハサミで輪郭をカットします。

5 「鬼頭」2枚を中表に合わせて半返し縫いをし、途中、角のつけ位置に合わせて角を逆さまに挟んで縫い進めます。カーブにそってハサミで縫い代に切り込みを入れます。

6 返し口をペンチで挟んでひっくり返し、つぶ綿を詰めます。

7 「鬼ボディ」2枚、「鬼のパンツ」2枚それぞれを中表に合わせて半返し縫いをし、カーブにそってハサミで切れ込みを入れます。返し口をペンチで挟んでひっくり返し、つぶ綿を詰めます。

8 ボディとパンツをP.43-22～29と同様にしてコの字とじで縫い合わせます。

9 6と8をP.43-22～29と同様にしてコの字とじで縫い合わせます。

10 「手」4枚（2枚ずつ）、「足」左右各2枚それぞれを中表に合わせて半返し縫いをし、カーブにそってハサミで縫い代に切り込みを入れます。返し口をペンチで挟んでひっくり返し、つぶ綿を詰めます。

11 10をP.44-33～36と同様にして縫いつけます。

12 P.46-46～51と同様にして歯と目をつけます。パンツに油性ペンで模様を描きます。

金棒

材料

- ミニチュアファブリック …… 黒：5×4.5cm
- 口用：ピンクのスエード（またはフェルト） …… 1×1cm以上
- キョロ目、歯用：白のスエード …… 少量
- 黒のボンテン …… 直径12mm：1個
- 黒のさし目 …… 直径1.8mm：2個、直径2.5mm：10個
- つぶ綿 …… 適量
- ナイロン製手縫い糸

準備しておくこと

- P.39を参照して、1.8mmさし目でキョロ目をつくっておきます。

つくり方

1 P.40-1～P.41-6と同様にして、布をカットし、口をつくります。

2 「金棒」2枚を中表に合わせて半返し縫いをし、カーブにそってハサミで縫い代に切り込みを入れます。返し口をペンチで挟んでひっくり返してつぶ綿を詰め、返し口をコの字とじでとじます。

3 P.45-38～44と同様にして、金棒の下にボンテンを縫いつけます。

4 P.46-46～51と同様にして歯とキョロ目をつけます。

5 前と後ろに2.5mmさし目を5個ずつつけます。

型紙 • 各パーツは2〜3mmの縫い代をつけて裁つ

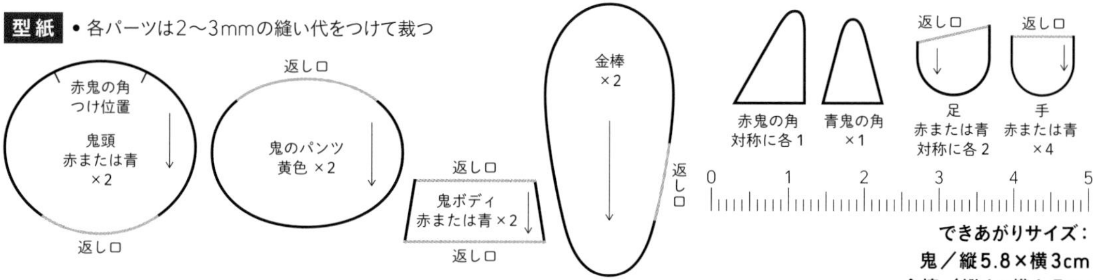

できあがりサイズ：
鬼／縦5.8×横3cm
金棒／縦4×横1.5cm

しみしみおでん

作品⇒P.14

材料

- **ミニチュアファブリック** ……
  グレー：4×6cm、薄いベージュ：6×3cm、
  キャメル：4×5cm、白：4×2cm、ベージュ：4×4cm
- **口用：ピンクのスエード（またはフェルト）** …… **1×1cm以上**
- **歯用：白のスエード** …… **少量**
- **つぶ綿** …… **適量**
- **黒のさし目** …… **直径2.5mm：2個**
- **ナイロン製手縫い糸**

型紙

• 各パーツは2〜3mmの縫い代をつけて裁つ

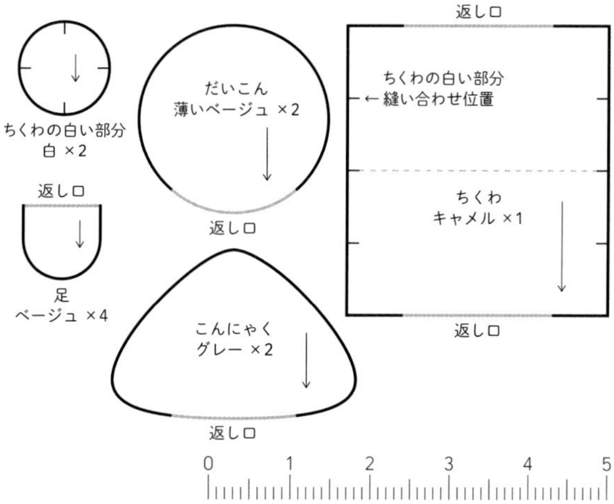

できあがりサイズ：縦5.5×横4cm

つくり方

1 **P.40-1〜P.41-6**と同様にして、布をカットし、「だいこん」に口をつくります。

2 「こんにゃく」2枚、「だいこん」2枚それぞれを中表に合わせて半返し縫いをし、カーブにそってハサミで縫い代に切り込みを入れます。返し口をペンチで挟んでひっくり返し、つぶ綿を詰めます。

3 「ちくわ」は中表に合わせて半分に折り、両端（長いほう）を半返し縫いをします。このとき、返し口は縫わないように注意します。

4 **3**のわになった部分に縫い合わせ位置を合わせて「ちくわの白い部分」を半返し縫いで縫い合わせます。

5 カーブにそってハサミで縫い代に切り込みを入れ、返し口をペンチで挟んでひっくり返し、つぶ綿を詰めます。返し口をコの字とじで縫い合わせます。

6 上から、こんにゃく→だいこん→ちくわの順にコの字とじで縫い合わせます。

7 **P.41-7〜10**と同様にして「足」を縫い、つぶ綿を詰めます。ちくわの下にコの字とじで縫い合わせます。

8 **P.46-46〜51**と同様にして歯と目をつけます。

お花と花びん

ピンクのお花の花びん

作品⇒P.15

材料

- ミニチュアファブリック …… ピンク：4×6cm、黄緑：3×3cm、水色：4×7cm
- 口用：ピンクのスエード（またはフェルト） …… 1×1cm以上
- 歯用：白のスエード …… 少量
- 黄色のボンテン …… 直径8mmまたは10mm：2個
- 黒のさし目 …… 直径2.5mm：2個
- つぶ綿 …… 適量
- ナイロン製手縫い糸

つくり方

1 **P.40-1〜P.41-6**と同様にして、布をカットし、口をつくります。

2 すべてのパーツ（葉っぱは2枚ずつ）それぞれを中表に合わせて半返し縫いをし、カーブにそってハサミで縫い代に切り込みを入れます。返し口をペンチで挟んでひっくり返し、つぶ綿を詰めます。

3 花と茎をコの字とじで縫い合わせます。

4 花びんの返し口に茎を挟み、コの字とじで縫い合わせます。

5 茎と葉っぱをコの字とじで縫い合わせます。

6 **P.45-38〜44**と同様にして花にボンテンを縫いつけます。

7 **P.46-46〜51**と同様にして歯と目をつけます。

型紙

- 各パーツは2〜3mmの縫い代をつけて裁つ

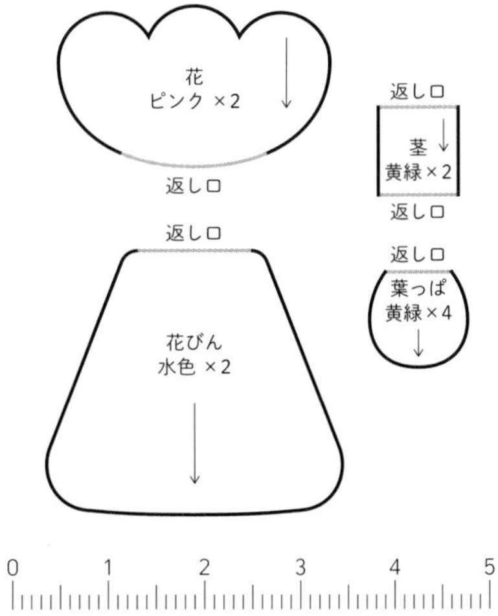

できあがりサイズ：縦5×横3cm

お花と花びん

青いお花の花びん

作品⇒P.15

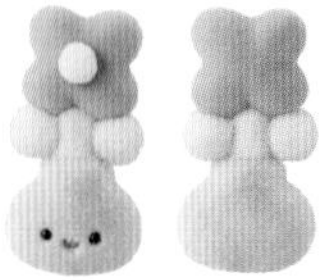

材料

- ミニチュアファブリック
  …… 青：4×6cm、黄緑：3×3cm、ピンク：4×7cm
- 口用：ピンクのスエード（またはフェルト） …… 1×1cm以上
- 歯用：白のスエード …… 少量
- 黄色のボンテン …… 直径8mmまたは10mm：1個
- 黒のさし目 …… 直径2.5mm：2個
- つぶ綿 …… 適量
- ナイロン製手縫い糸

※つくり方は**P.56ピンクのお花の花びん**と同様です。

型紙

- 各パーツは2〜3mmの縫い代をつけて裁つ

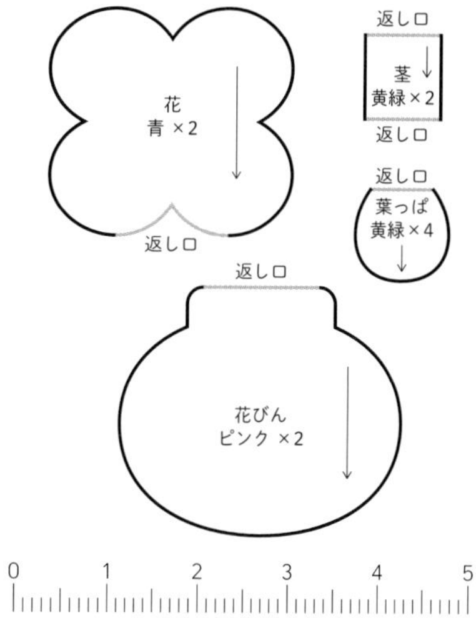

できあがりサイズ：縦5.5×横3cm

お花と花びん

オレンジのお花の花びん

作品⇒P.15

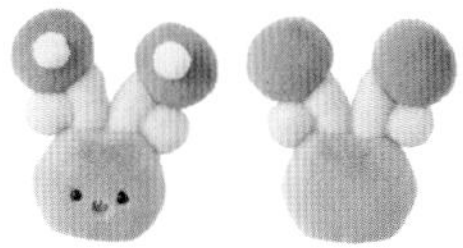

材料

- ミニチュアファブリック
  …… オレンジ：6×6cm、黄緑：4×7cm、紫：縦4.5×7cm
- 口用：ピンクのスエード（またはフェルト） …… 1×1cm以上
- 歯用：白のスエード …… 少量
- 黄色のボンテン …… 直径8mmまたは10mm：2個
- 黒のさし目 …… 直径2.5mm：2個
- つぶ綿 …… 適量
- ナイロン製手縫い糸

※つくり方は**P.56ピンクのお花の花びん**と同様です。

型紙

- 各パーツは2〜3mmの縫い代をつけて裁つ

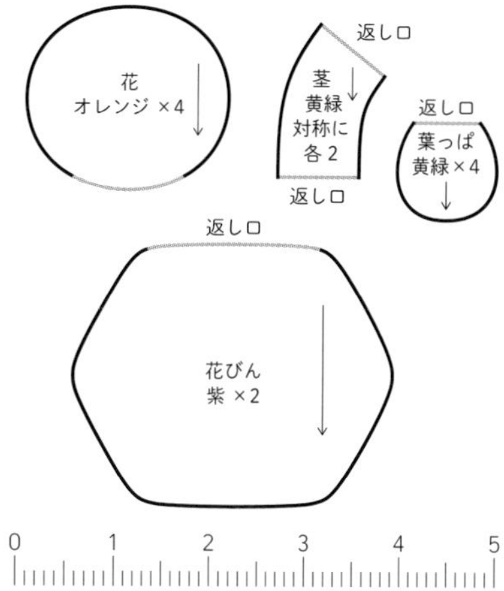

できあがりサイズ：縦4.8×横4.8cm

新鮮おやさい

なすび

作品⇒P.16

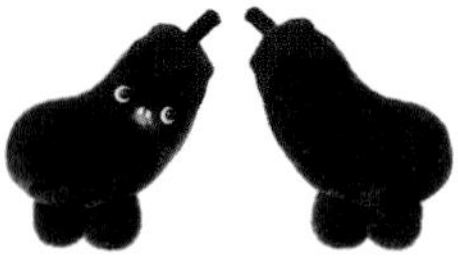

型紙

- 各パーツは2〜3mmの縫い代をつけて裁つ

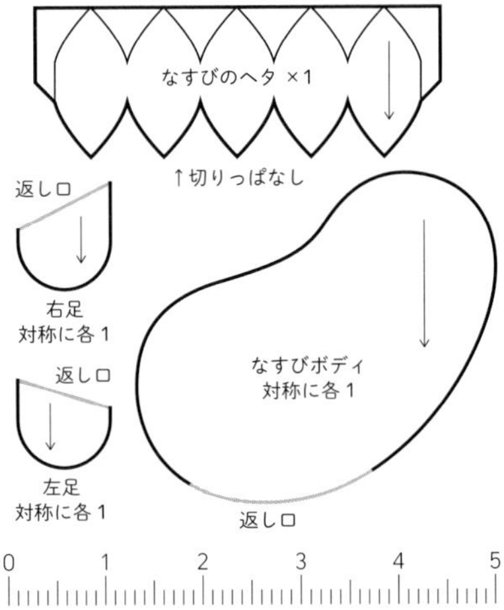

できあがりサイズ：縦5×横3cm

材料

- ミニチュアファブリック …… 紫：10×5cm
- 口用：ピンクのスエード（またはフェルト） …… 1×1cm以上
- ヘタ用：黒のスエード …… 9×3cm
- キョロ目、歯用：白のスエード …… 少量
- 黒のさし目 …… 直径2mm：2個
- つぶ綿 …… 適量
- ナイロン製手縫い糸

準備しておくこと

- **P.39**を参照して、キョロ目をつくっておきます。

つくり方

※見やすくするために、ヘタは違う色のものを代用しています。

1 **P.40-1〜P.41-6**と同様にして、布をカットし、口をつくります。

2

ヘタをつくります。黒のスエードを1.5×1cmにカットし、片面に接着剤を薄くつけてクルクルと1cmくらい巻きます。

3

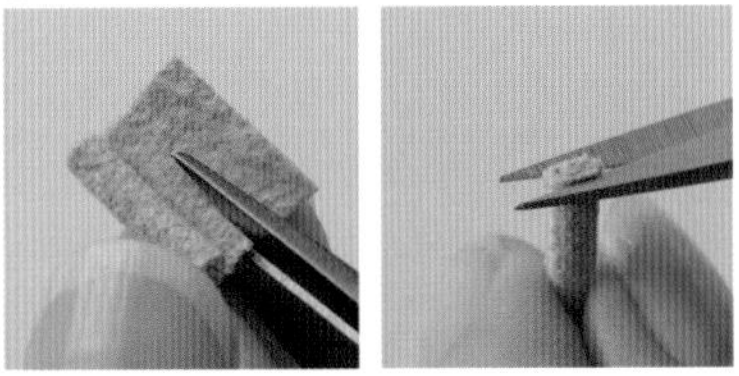

接着剤が乾いたら、余分な部分と先端をハサミでカットして整えます。

4

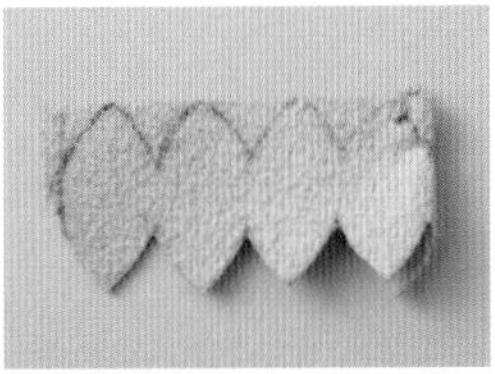

「なすびのヘタ」のVになっている部分を折り、半返し縫いで4ヶ所を縫い合わせます。

5

縫い合わせたところです。

6

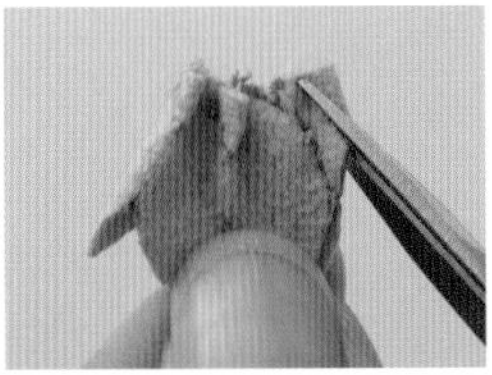

端と端を合わせて半返し縫いをし、角をカットします。

7

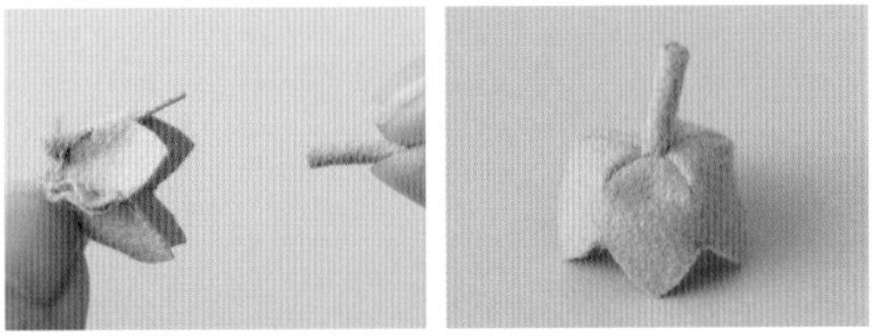

6の中心の穴に**3**のカットしていないほうを先にしてさし込み、抜けないように縫いつけます。ひっくり返します。

8 「なすびボディ」2枚、「右足」2枚、「左足」2枚それぞれを中表に合わせて半返し縫いをし、カーブにそってハサミで縫い代に切り込みを入れます。返し口をペンチで挟んでひっくり返し、つぶ綿を詰めます。返し口をコの字とじで縫い合わせます。

9 ボディと足をコの字とじで縫い合わせます。

10 **7**の裏の中心あたりに接着剤をつけ、**9**の頭にかぶせてくっつけます。

11 **P.46-46〜51**と同様にして歯とキョロ目をつけます。

新鮮おやさい

とうもろこし

作品⇒P.16

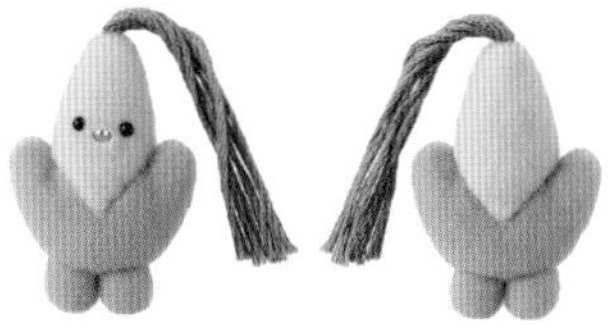

材料

- **ミニチュアファブリック …… 黄色：6×4cm、黄緑：4.5×8cm**
- **口用：ピンクのスエード（またはフェルト） …… 1×1cm以上**
- **歯用：白のスエード …… 少量**
- **キャメル色の25番刺繍糸 …… 3本どりで65cm**
- **つぶし玉 …… 3mm：1個**
- **黒のさし目 …… 直径2.5mm：2個**
- **つぶ綿 …… 適量**
- **手縫い糸（ヒゲを引っぱるための糸、なんでもよい）**
- **ナイロン製手縫い糸**

型紙

- 各パーツは2〜3mmの縫い代をつけて裁つ
- 頭と葉っぱは別に裁ち、それぞれに縫い代をつける

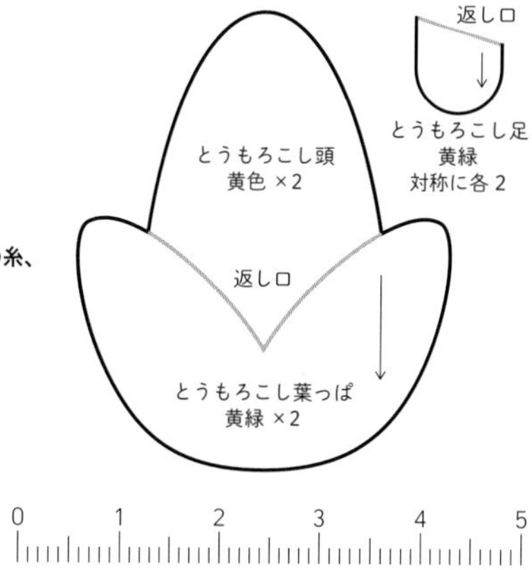

できあがりサイズ：縦5×横3.5cm（ヒゲ含まず）

つくり方

1

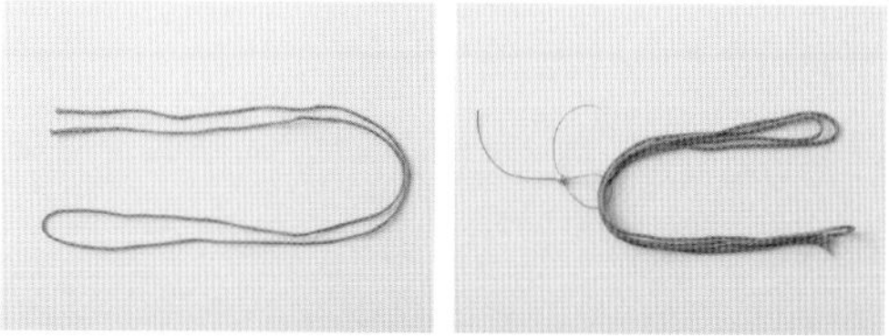

とうもろこしのヒゲをつくります。刺繍糸を3回折り、中心に手縫い糸を通し、つぶし玉に通します。

2

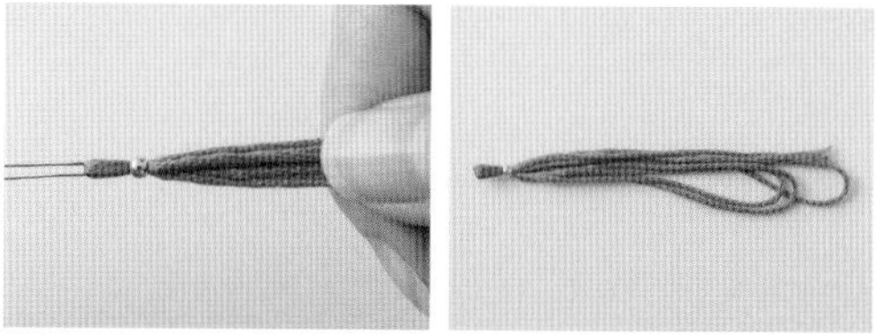

糸を引っ張って、刺繍糸をつぶし玉に1cmくらい通します。つぶし玉に通したら、手縫い糸ははずします。

3

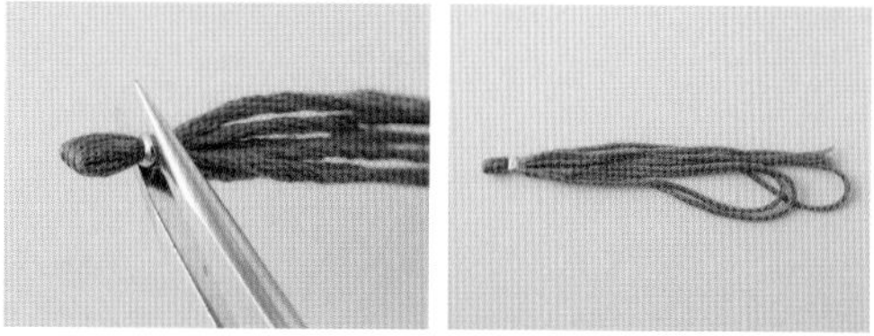

つぶし玉をペンチでつぶします。

4 P.40-1～P.41-6と同様にして、布をカットし、口をつくります。

5 「とうもろこしの頭」2枚を中表に合わせて半返し縫いをし、頭のてっぺんまできたら3を挟み込んで縫い進めます。このとき、つぶし玉が見えている状態にします。カーブにそってハサミで縫い代に切り込みを入れます。

6 返し口をペンチで挟んでひっくり返し、つぶ綿を詰めます。

7 「とうもろこし葉っぱ」2枚を中表に合わせて半返し縫いをし、カーブにそってハサミで縫い代に切り込みを入れます。返し口をペンチで挟んでひっくり返し、つぶ綿を詰めます。

8 6と7をコの字とじで縫い合わせます。

9 「とうもろこし足」左右各2枚それぞれを中表に合わせて半返し縫いをし、カーブにそってハサミで縫い代に切り込みを入れます。返し口をペンチで挟んでひっくり返し、つぶ綿を詰めます。

10 8と9をコの字とじで縫い合わせます。

11 P.46-46～51と同様にして歯と目をつけ、ヒゲを好みの長さにカットします。

新鮮おやさい

美脚だいこん

作品⇒P.16

材料

- ミニチュアファブリック …… 白：7×5cm
- トイニット …… 緑：15×5cm
- 口用：ピンクのスエード（またはフェルト） …… 1×1cm以上
- 歯用：白のスエード …… 少量
- 黒のさし目 …… 直径2.5mm：2個
- つぶ綿 …… 適量
- ナイロン製手縫い糸

つくり方

1 P.40-1～P.41-6と同様にして、布をカットし、口をつくります。

2 「だいこん葉っぱ」6枚は2枚ずつ中表に合わせて半返し縫いをし、カーブにそってハサミで縫い代に切り込みを入れます。返し口をペンチで挟んでひっくり返します。P.49-2～9と同様にしてくぼみをつくります。

3 「だいこんボディ」2枚を中表に合わせて半返し縫いをし、カーブにそってハサミで縫い代に切り込みを入れます。返し口をペンチで挟んでひっくり返し、つぶ綿を詰めます。

4 2と3をコの字とじで縫い合わせます。

5 P.46-46～51と同様にして歯と目をつけます。

型紙

- 各パーツは2～3mmの縫い代をつけて裁つ

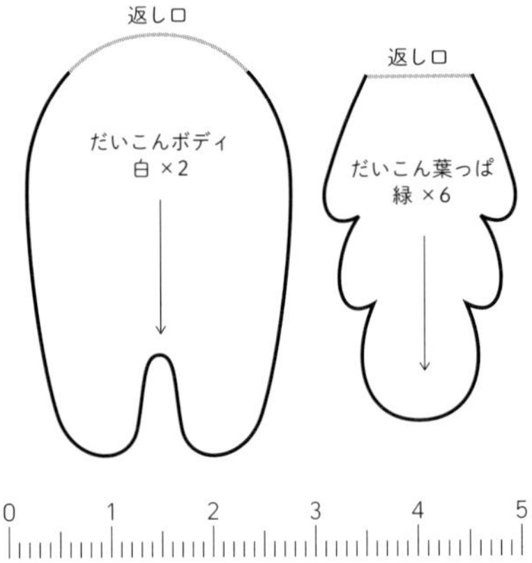

できあがりサイズ：縦6.8×横2.8cm

かに

作品⇒P.17

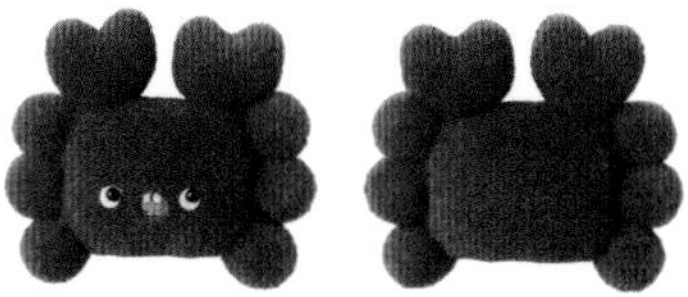

材料

- ミニチュアファブリック …… 赤：9×8cm
- 口用：ピンクのスエード（またはフェルト） …… 1×1cm以上
- キョロ目、歯用：白のスエード …… 少量
- 黒のさし目 …… 直径2mm：2個
- つぶ綿 …… 適量
- ナイロン製手縫い糸

準備しておくこと

- P.39を参照して、キョロ目をつくっておきます。

つくり方

1 P.40-1〜P.41-6と同様にして、布をカットし、口をつくります。

2 「かにボディ」2枚を中表に合わせて半返し縫いをし、カーブにそってハサミで縫い代に切り込みを入れます。返し口をペンチで挟んでひっくり返してつぶ綿を詰め、返し口をコの字とじで縫い合わせます。

3 「かにハサミ」4枚、「かに足」12枚はそれぞれ2枚ずつ中表に合わせて半返し縫いをし、カーブにそってハサミで縫い代に切り込みを入れます。返し口をペンチで挟んでひっくり返し、つぶ綿を詰めます。

4 P.44-33〜36と同様にして、足をボディのサイドに3つずつコの字とじで縫い合わせます。

5 P.44-33〜36と同様にして、ボディ上部にハサミをバンザイしている感じにしてコの字とじで縫い合わせます。

6 P.46-46〜51と同様にして歯とキョロ目をつけます。

型紙

- 各パーツは2〜3mmの縫い代をつけて裁つ

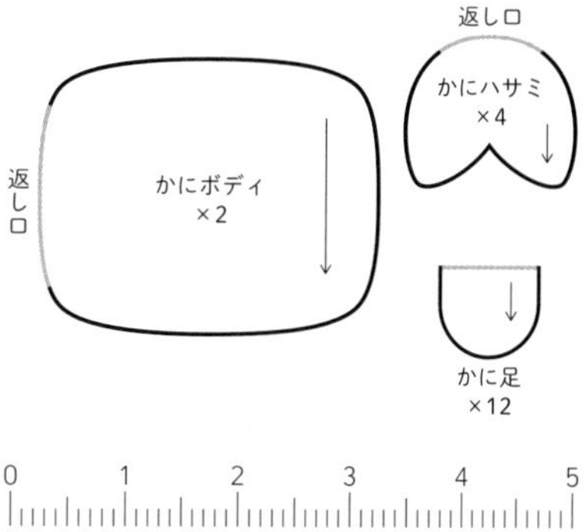

できあがりサイズ：縦3.5×横4.5cm

寿司ざんまい

たまごのお寿司

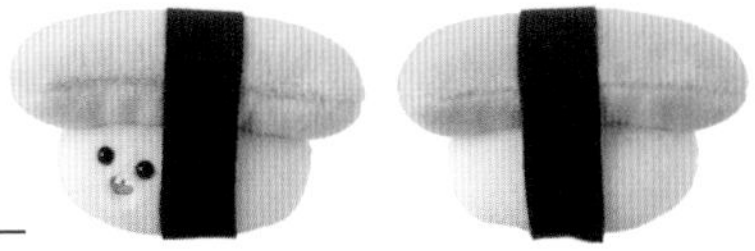

作品⇒P.19

材料

- ミニチュアファブリック …… 白：5×7cm、黄色：6×8cm
- 口用：ピンクのスエード（またはフェルト） …… 1×1cm以上
- 歯用：白のスエード …… 少量
- 海苔用：黒のスエード …… 1×10cm
- 黒のさし目 …… 直径2.5mm：2個
- つぶ綿 …… 適量
- ナイロン製手縫い糸

つくり方

1 **P.40-1～P.41-6**と同様にして、布をカットし、口をつくります。

2 「シャリ」2枚を中表に合わせて半返し縫いをし、カーブにそってハサミで縫い代に切り込みを入れます。返し口をペンチで挟んでひっくり返し、つぶ綿を詰めます。返し口をコの字とじでとじます。

3 「ネタ」2枚を中表に合わせて半返し縫いをし、カーブにそってハサミで縫い代に切り込みを入れます。ペンチで挟んで切れ目からひっくり返し、つぶ綿を詰めます。切れ目をコの字とじでとじます。

4 **2**と**3**をコの字とじで縫い合わせます。

5 あとで巻く海苔の位置を考えて、**P.46-46～51**と同様にして歯と目をつけます。

6 黒のスエードをお寿司に巻いてみて、ちょうどいい長さを決めます。

7 **6**をはずし、決めた長さのところを重ねて半返し縫いで縫いとめ、余分な部分はカットします。

8 **5**に**7**をはめて、海苔が巻かれているようにします。

型紙

- 各パーツは2～3mmの縫い代をつけて裁つ

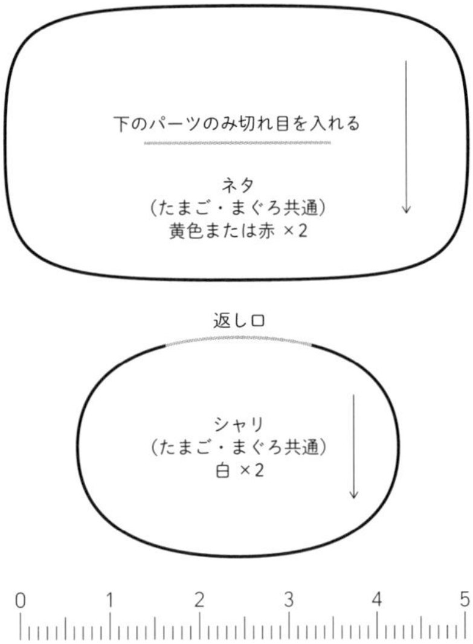

できあがりサイズ：
たまごのお寿司／縦2.3×横4cm
まぐろのお寿司／縦2.3×横4cm

寿司ざんまい

まぐろのお寿司

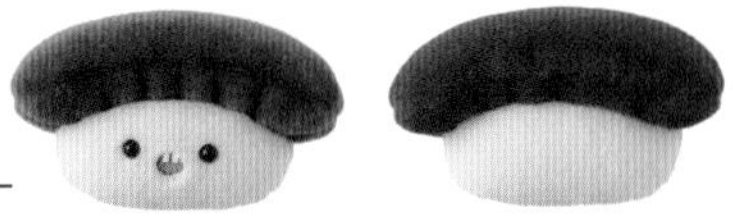

作品⇒P.19

材料

- ミニチュアファブリック …… 白：5×7cm、赤：6×8cm
- 口用：ピンクのスエード（またはフェルト） …… 1×1cm以上
- 歯用：白のスエード …… 少量
- 黒のさし目 …… 直径2.5mm：2個
- つぶ綿 …… 適量
- ナイロン製手縫い糸

※つくり方は**たまごのお寿司1～5**と同様です。

寿司ざんまい

こぼれイクラの軍艦巻き

作品⇒P.19

材料

- ミニチュアファブリック …… 白：4×6cm、黒：9×3cm
- 口用：ピンクのスエード（またはフェルト） …… 1×1cm以上
- キョロ目、歯用：白のスエード …… 少量
- オレンジのボンテン …… 直径10mm：17個
- 黒のさし目 …… 直径2mm：2個
- つぶ綿 …… 適量
- ナイロン製手縫い糸

準備しておくこと

- P.39を参照して、キョロ目をつくっておきます。

つくり方

1. P.40-1～P.41-6と同様にして、布をカットし、口をつくります。
2. 「海苔」1枚を中表に合わせて半分に折り、端と端を合わせます。
3. 2と裏返した「シャリ上」を半返し縫いで縫い合わせ位置に合わせて縫い合わせ、カーブにそってハサミで縫い代に切り込みを入れます。
4. 3と裏返した「シャリ下」を半返し縫いで縫い合わせ位置に合わせて縫い合わせ、カーブにそってハサミで縫い代に切り込みを入れます。返し口をペンチで挟んでひっくり返してつぶ綿を詰め、返し口をコの字とじで縫い合わせます。
5. P.45-38～44と同様にして、シャリの上にボンテンを1個ずつ縫いつけます。
6. P.46-46～51と同様にして歯とキョロ目をつけます。

型紙

- 各パーツは2～3mmの縫い代をつけて裁つ

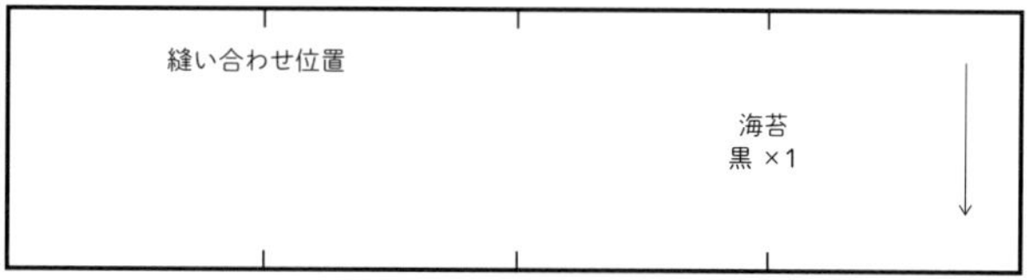

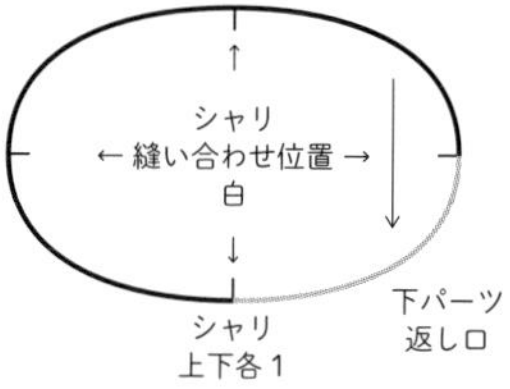

できあがりサイズ：縦3.5×横4cm

だるまさん

作品⇒P.18

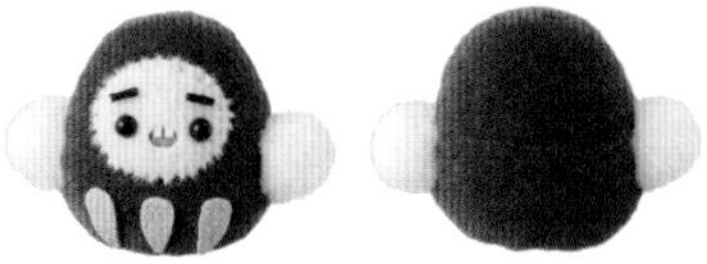

材料

- ミニチュアファブリック …… 赤：7×4cm、白：5×3cm
- 口用：ピンクのスエード（またはフェルト） …… 1×1cm以上
- 歯用：白のスエード …… 少量
- 眉毛用：黒のスエード …… 少量
- お腹の模様用：黄色のスエード（他の色でも可） …… 2×2cm
- 黒のさし目 …… 直径2.5mm：2個
- つぶ綿 …… 適量
- ナイロン製手縫い糸

つくり方

1 **P.40-1〜3**と同様にして、布をカットします。

2 「だるまボディ」1枚に、「顔」を接着剤で貼りつけ、まわりをかがり縫いで縫いつけます。

3 2に**P.41-4〜6**と同様にして口をつくります。

4 **3**ともう1枚の「だるまボディ」を中表に合わせて半返し縫いをし、カーブにそってハサミで縫い代に切り込みを入れます。返し口をペンチで挟んでひっくり返してつぶ綿を詰め、返し口をコの字とじで縫い合わせます。

5 「手」4枚（2枚ずつ）中表に合わせて半返し縫いをし、カーブにそってハサミで切り込みを入れます。返し口をペンチで挟んでひっくり返し、つぶ綿を詰めます。

6 **5**を**P.44-33〜36**と同様にして縫いつけます。

7 「だるまのお腹の模様」に接着剤をつけ、ボディに貼りつけます。

8 **P.46-46〜51**と同様にして歯と目をつけます。

9 黒のスエードを好みの眉の形にカットし、接着剤をつけて目の上に貼りつけます。

型紙

- 各パーツは2〜3mmの縫い代をつけて裁つ
- ボディと顔は別に裁ち、それぞれに縫い代をつける

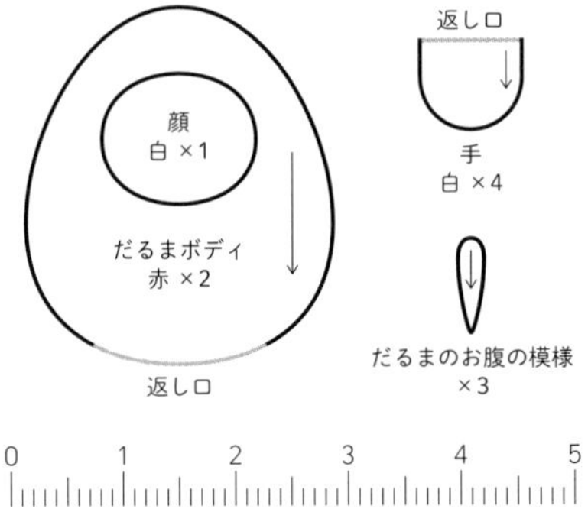

できあがりサイズ：縦2.3×横3.8cm

三角コーンず

作品⇒P.20

材料 ※材料とつくり方は2本ラインのものですが、1本ラインのものも同様です。

- **ミニチュアファブリック …… 赤：9×9cm、白：5×3cm**
- **口用：ピンクのスエード（またはフェルト） …… 1×1cm以上**
- **歯用：白のスエード …… 少量**
- **黒のさし目 …… 直径2.5mm：2個**
- **つぶ綿 …… 適量**
- **ナイロン製手縫い糸**

つくり方

1 **P.40-1〜P.41-6**と同様にして、布をカットし、口をつくります。

2 「三角コーンボディ」とA〜Eを半返し縫いで縫い合わせます。

3 **2**を中表に合わせて端を縫い、てっぺんの縫い代を斜めにカットします。ペンチで挟んでひっくり返し、つぶ綿を詰めます。

4 「三角コーン足」2枚（1枚は縫い合わせ位置より縫い代2〜3mm内側に丸くくりぬいたもの）を中表に合わせて半返し縫いをし、カーブにそってハサミで縫い代に切り込みを入れます。ペンチで挟んでひっくり返し、つぶ綿を詰めます。

5 **3**と**4**を縫い合わせ位置に合わせてコの字とじで縫い合わせます。

6 **P.46-46〜51**と同様にして歯と目をつけます。

型紙

- 各パーツは2〜3mmの縫い代をつけて裁つ
- ボディの各パーツは別に裁ち、それぞれに縫い代をつける

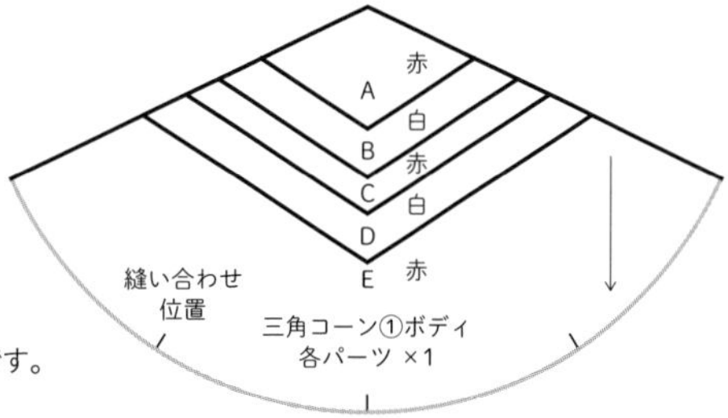

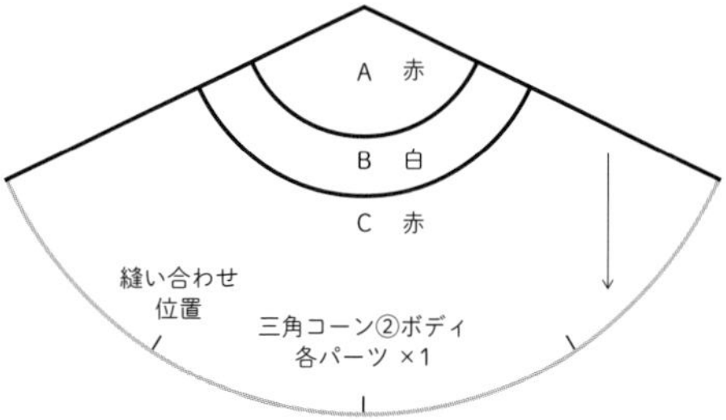

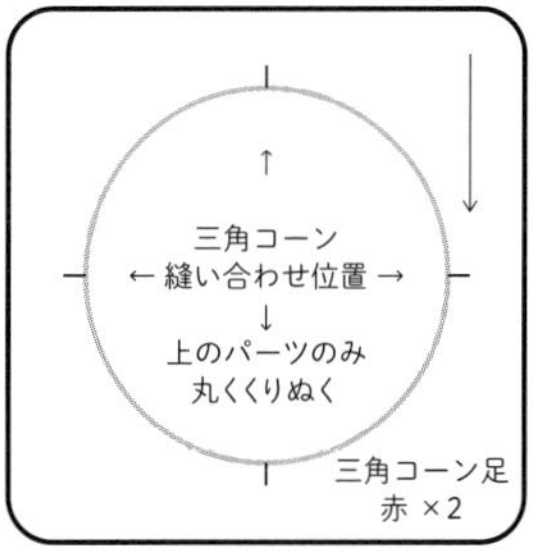

できあがりサイズ：縦4.5×横3.3cm

きつね

作品⇒P.22

材料

- ミニチュアファブリック …… 赤:8×7cm、白:2×3cm
- 口用:ピンクのスエード(またはフェルト) …… 1×1cm以上
- キョロ目、歯用:白のスエード …… 少量
- 黒のボンテン …… 直径8mmまたは10mm:1個
- 黒のさし目 …… 直径2mm:2個
- つぶ綿 …… 適量
- ナイロン製手縫い糸

準備しておくこと

- P.39を参照して、キョロ目をつくっておきます。

つくり方

1 P.40-1～P.44-37と同様にして、布をカットし、頭部とボディをつくって縫い合わせ、手をつくってボディに縫いつけます。

2 「きつねしっぽ」2枚は切り替え部分をそれぞれ半返し縫いをして縫い合わせます。中表に合わせて半返し縫いをし、カーブにそってハサミで縫い代に切り込みを入れます。返し口をペンチで挟んでひっくり返し、つぶ綿を詰めます。

3 「きつね鼻」を中表に合わせて半分に折り、端を半返し縫いで縫い合わせます。鼻先の縫い代部分をハサミで斜めにカットし、ペンチで挟んでひっくり返してつぶ綿を詰めます。頭部の左側にコの字とじで縫いつけ、P.45-38～44と同様にして鼻先にボンテンを縫いつけます。

4 2をボディの後ろにコの字とじで縫いつけます。

5 P.46-46～51と同様にして歯とキョロ目をつけます。

型紙

- 各パーツは2～3mmの縫い代をつけて裁つ
- しっぽと切り替えのパーツは別に裁ち、
  それぞれに縫い代をつける

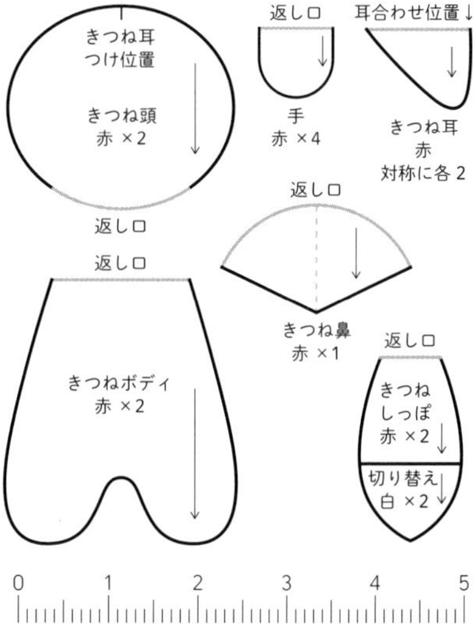

できあがりサイズ:縦6×横3.5cm

ねずみ

作品⇒P.23

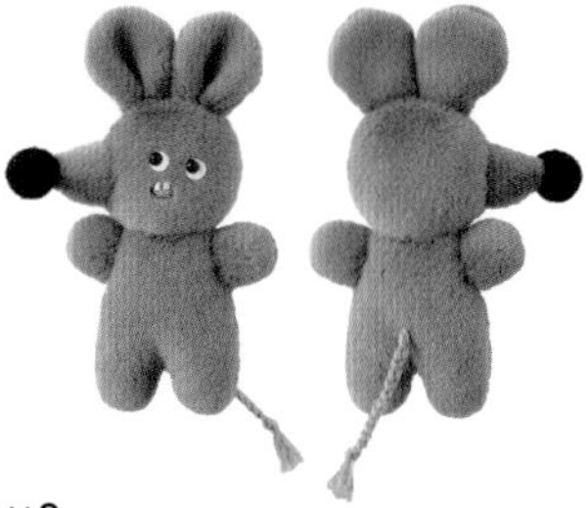

材料

- ミニチュアファブリック …… グレー：8×9cmm
- 口用：ピンクのスエード（またはフェルト） …… 1×1cm以上
- キョロ目、歯用：白のスエード …… 少量
- ピンクの25番刺繍糸 …… 6本どり15cmくらい
- つぶし玉 …… 3mm：1個
- 黒のボンテン …… 直径8mmまたは10mm：1個
- 黒のさし目 …… 直径2mm：2個
- つぶ綿 …… 適量
- ナイロン製手縫い糸

型紙

- 各パーツは2〜3mmの縫い代をつけて裁つ

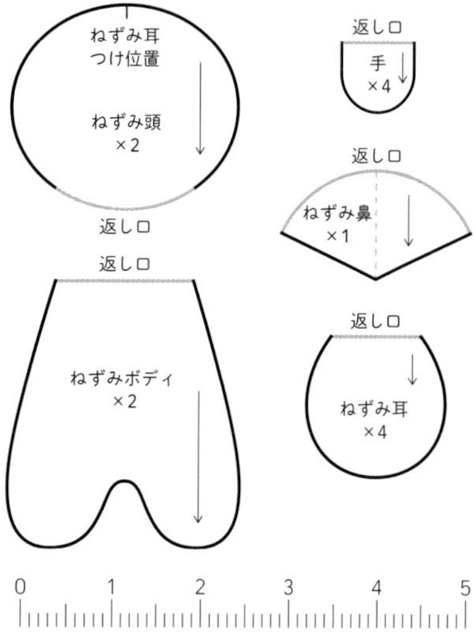

できあがりサイズ：縦6×横3.5cm

準備しておくこと

- P.39を参照して、キョロ目をつくっておきます。
- P.59-1〜3と同様にして、刺繍糸を半分に折り、折ったところをつぶし玉に1cmほど通して、つぶし玉をつぶしておきます。

つくり方

1 P.40-1〜P.41-10と同様にして、布をカットし、頭部をつくります。

2 P.49-2〜9と同様にして、中心に溝のある耳をつくります。

3 P.41-11〜P.42-16と同様にして、耳を縫いつけ、頭部につぶ綿を詰めます。

4 「ねずみボディ」2枚を中表に合わせて半返し縫いをし、カーブにそって縫い代にハサミで切り込みを入れ、返し口をペンチで挟んでひっくり返します。

5 つぶし玉に通しておいた刺繍糸を針に通し、4の裏からしっぽをつけたい位置にさして、つぶし玉が引っかかるまでしっかり外に出します。ボディにつぶ綿を詰め、刺繍糸を好みの長さに三つ編みして端を結び、余分な糸はカットします。

6 P.43-22〜P.44-37と同様にして、頭部とボディを縫い合わせ、手をつくってボディに縫いつけます。

7 「ねずみ鼻」を中表に合わせて半分に折り、端を半返し縫いをします。鼻先の縫い代部分をハサミで斜めにカットし、ペンチで挟んでひっくり返してつぶ綿を詰めます。頭部の右側にコの字とじで縫いつけ、P.45-38〜44と同様にして鼻先にボンテンを縫いつけます。

8 P.46-46〜51と同様にして歯とキョロ目をつけます。

ねこ

作品⇒P.29

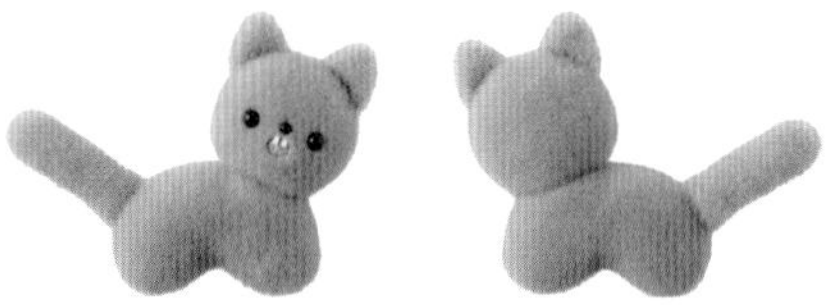

型紙

- 各パーツは2〜3mmの縫い代をつけて裁つ

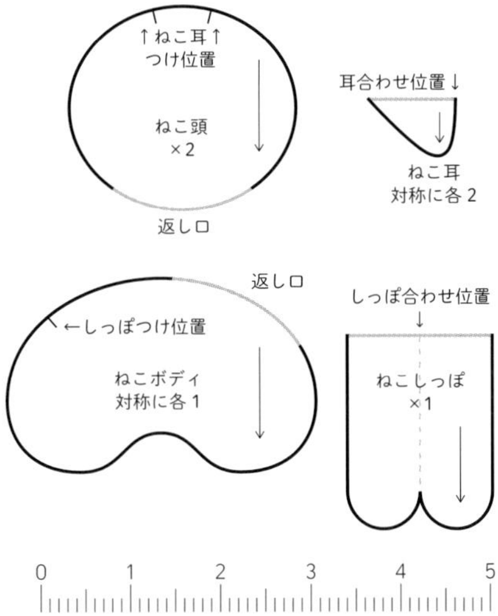

できあがりサイズ：縦4×横5.5cm

材料

- ミニチュアファブリック …… 黄色：9×6cm
- 口用：ピンクのスエード（またはフェルト） …… 1×1cm以上
- 歯用：白のスエード …… 少量
- 黒のさし目 …… 直径1.8mm：1個、直径2.5mm：2個
- つぶ綿 …… 適量
- ナイロン製手縫い糸

つくり方

※見やすくするために、糸は違う色のものを代用しています。

1 P.40-1〜P.42-16と同様にして、布をカットし、頭部をつくります。

2

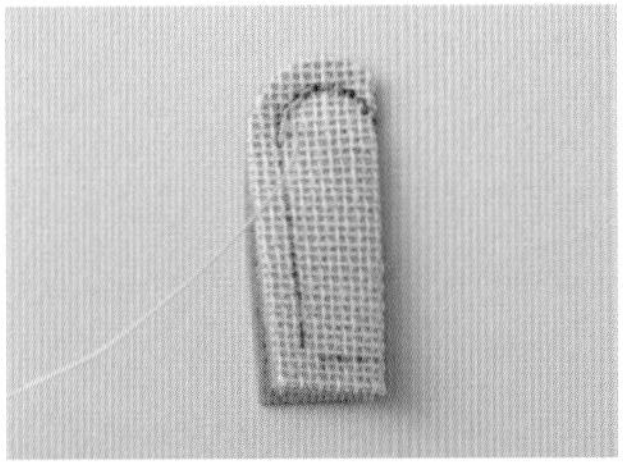

しっぽをつくります。「ねこしっぽ」は中表に合わせて半分に折り、カーブの部分を半返し縫いで縫い合わせます。

3

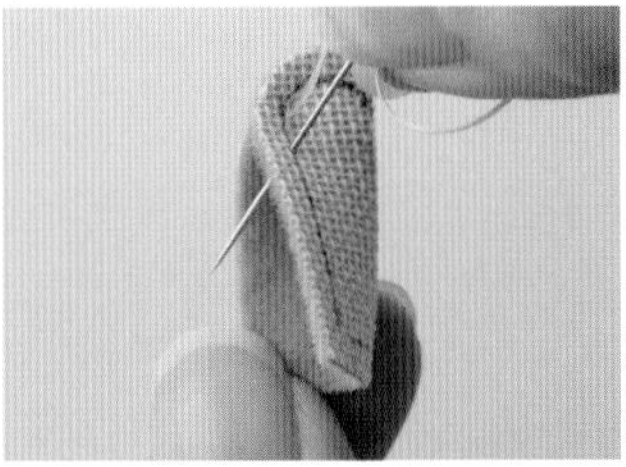

糸をつけたままの針を布1枚にさします。

4

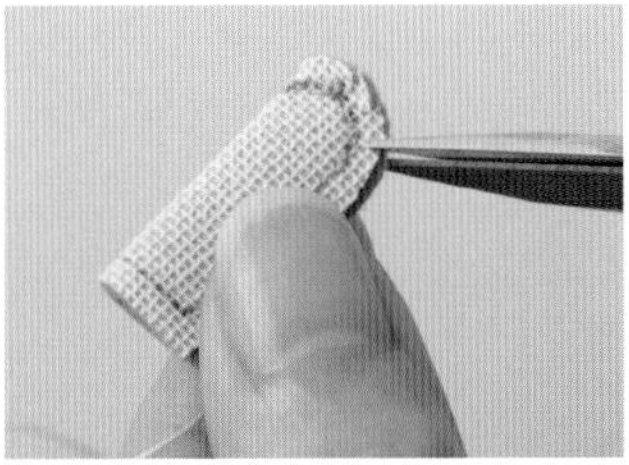

カーブにそってハサミで縫い代に切り込みを入れます。

5

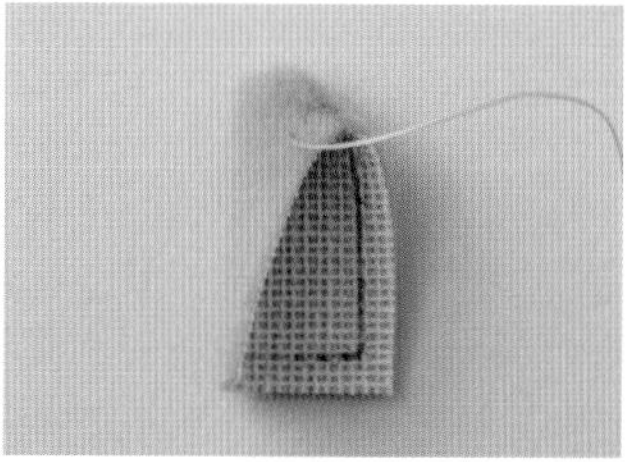

ペンチで挟んでひっくり返します。

6

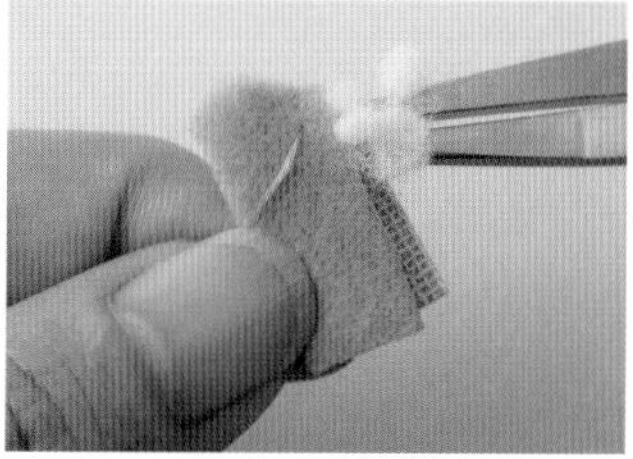

つぶ綿を詰めます。

7

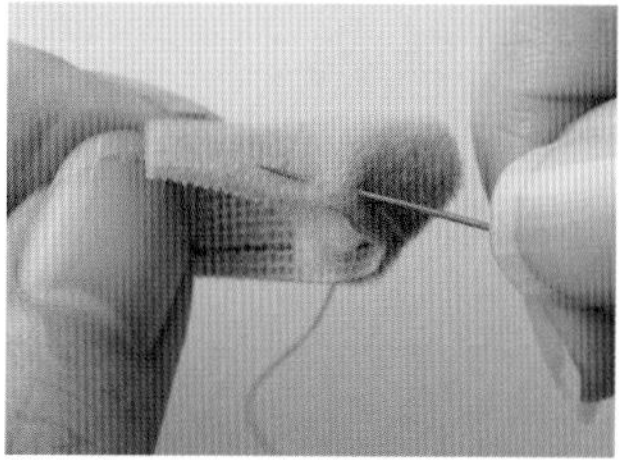

3の針でコの字とじをします。

8

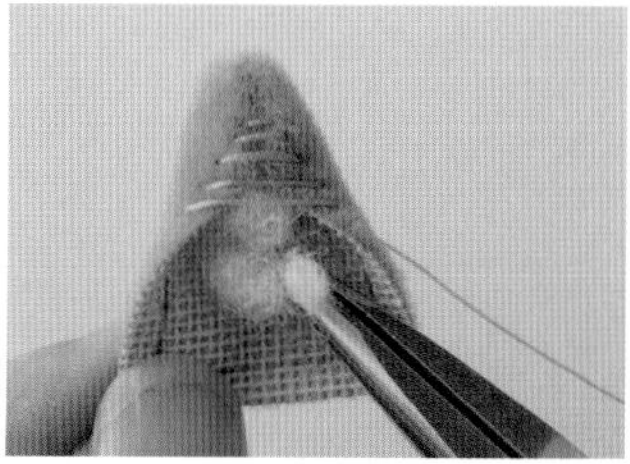

コの字とじをしながら、つぶ綿を少しずつ詰めます。

9

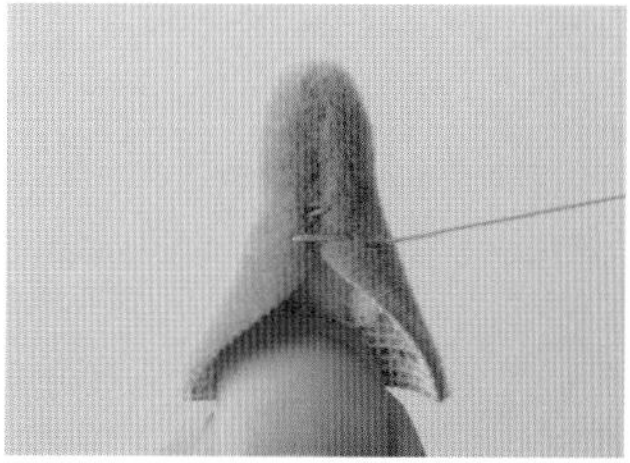

糸をしっかりと引っ張りながら縫い進めます。

10

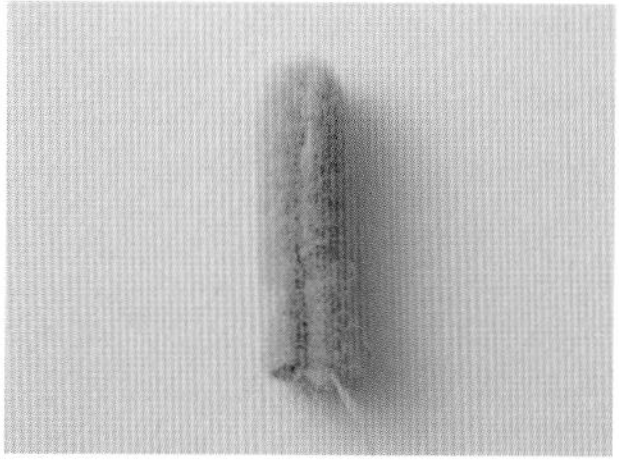

最後まで縫いとじたら、玉どめをして余分な糸はカットします。

11 「ねこボディ」2枚を中表に合わせて半返し縫いをし、途中、しっぽつけ位置に合わせて**10**を逆さまに挟んで一緒に縫います。返し口をペンチで挟んでひっくり返し、つぶ綿を詰めます。

12 **1**と**11**をコの字とじで縫い合わせます。

13 **P.46-46〜51**と同様にして歯と目をつけます。

やさしいばんそうこう

作品⇒P.24

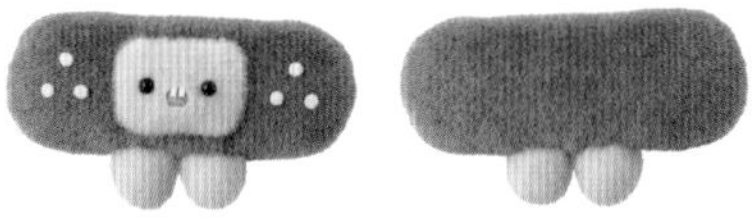

材料

- ミニチュアファブリック …… ベージュ：6×6cm、薄いベージュ：3×5cm
- 口用：ピンクのスエード（またはフェルト） …… 1×1cm以上
- 歯、ばんそうこうの丸用：白のスエード …… 少量
- 黒のさし目 …… 直径2mm：2個
- つぶ綿 …… 適量
- ナイロン製手縫い糸

型紙

- 各パーツは2～3mmの縫い代をつけて裁つ

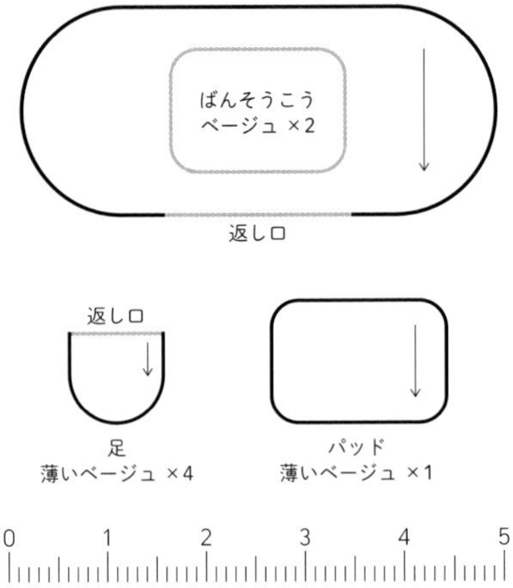

できあがりサイズ：縦2.5×横4.5cm

準備しておくこと

- ばんそうこうの丸用に白のスエードを直径1mmポンチで6個抜いておきます。

つくり方

1 **P.40-1～P.41-6**と同様にして、布をカットし、口をつくります。

2 「パッド」を「ばんそうこう」1枚に**P.73-2～6**と同様にして縫いつけます。

3 **2**ともう1枚の「ばんそうこう」を中表に合わせて半返し縫いをします。返し口をペンチで挟んでひっくり返し、つぶ綿を詰め、返し口をコの字とじで縫い合わせます。

4 「足」4枚（2枚ずつ）を中表に合わせて半返し縫いをし、カーブにそってハサミで縫い代に切り込みを入れます。返し口をペンチで挟んでひっくり返し、つぶ綿を詰め、**3**にコの字とじで縫いつけます。

5 ばんそうこうの丸6個の裏に接着剤をつけ、**4**の左右に3個ずつ貼ります。

6 **P.46-46～51**と同様にして歯と目をつけます。

サウルス

作品⇒P.30

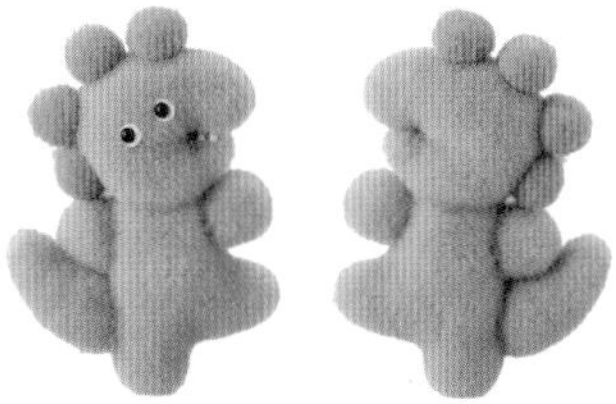

材料 ※黄緑色のサウルスの場合

- **ミニチュアファブリック …… 黄緑:7×7cm**
- **キョロ目、歯用:白のスエード …… 少量**
- **ピンクのボンテン …… 直径8mmまたは10mm:4個**
- **黒のさし目 …… 直径2mm:2個**
- **つぶ綿 …… 適量**
- **ナイロン製手縫い糸**

型紙

- 各パーツは2〜3mmの縫い代をつけて裁つ

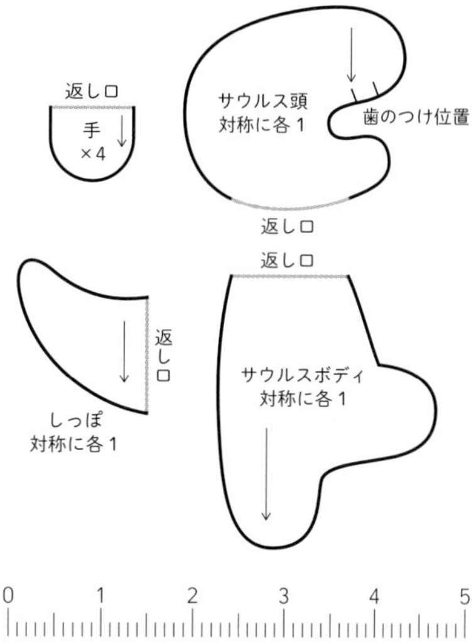

できあがりサイズ:縦5.2×横4cm

準備しておくこと

- **P.39**を参照して、キョロ目をつくっておきます。

つくり方

1 **P.40-1〜3**と同様にして、布をカットします。**P46-46**と同様にして、長さ1cmくらいの歯をつくります。

2 「サウルス頭」2枚を中表に合わせて半返し縫いをし、途中、歯のつけ位置に合わせて歯を逆さまに挟んで縫い進めます。カーブにそってハサミで切り込みを入れ、返し口をペンチで挟んでひっくり返し、つぶ綿を詰めます。歯を好きな長さにカットします。

3 「サウルスボディ」2枚、「手」4枚(2枚ずつ)、「しっぽ」2枚それぞれを中表に合わせて半返し縫いをします。カーブにそってハサミで縫い代に切り込みを入れ、返し口をペンチで挟んでひっくり返し、つぶ綿を詰めます。

4 **P.43-22〜29**と同様にして、**2**とボディをコの字とじで縫い合わせます。

5 **P.44-31〜36**と同様にして、**4**に手としっぽをコの字どめで縫いつけます。

6 **P.45-38〜44**と同様にして、頭にボンテンを縫いつけます。

7 **P.46-50、51**と同様にしてキョロ目をつけます。

海苔おむすび

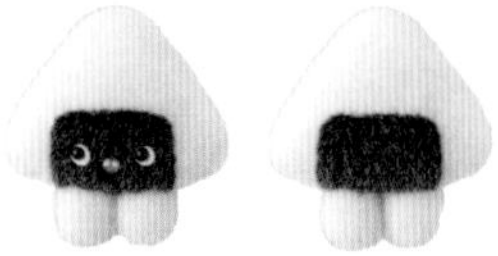

作品⇒P.31

材料

- ミニチュアファブリック …… 白：5×7cm、黒：3×4cm
- 口用：ピンクのスエード（またはフェルト） …… 1×1cm以上
- キョロ目、歯用：白のスエード …… 少量
- つぶ綿 …… 適量
- 黒のさし目 …… 直径2mm：2個
- ナイロン製手縫い糸

準備しておくこと

- P.39を参照して、キョロ目をつくっておきます。

つくり方

1 P.40-1～P.41-6と同様にして、布をカットし、口をつくります。

2 「おむすび海苔の部分」と「おむすびお米の部分」を前後それぞれ半返し縫いで縫い合わせます。

3 2を中表に合わせて半返し縫いをします。カーブにそってハサミで縫い代に切り込みを入れ、返し口をペンチで挟んでひっくり返し、つぶ綿を詰め、返し口をコの字とじで縫い合わせます。

4 「おむすび足」左右2枚ずつ中表に合わせて半返し縫いをします。カーブにそってハサミで縫い代に切り込みを入れ、返し口をペンチで挟んでひっくり返し、つぶ綿を詰めます。

5 3に4をコの字とじで縫いつけます。

6 P.46-46～51と同様にして歯とキョロ目をつけます。

型紙

- 各パーツは2～3mmの縫い代をつけて裁つ
- お米と海苔は別に裁ち、それぞれに縫い代をつける

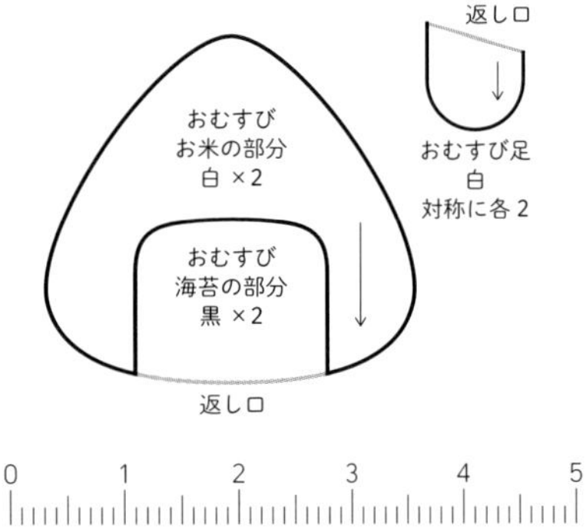

できあがりサイズ：縦3.4×横3.4cm

すっぱい梅おむすび

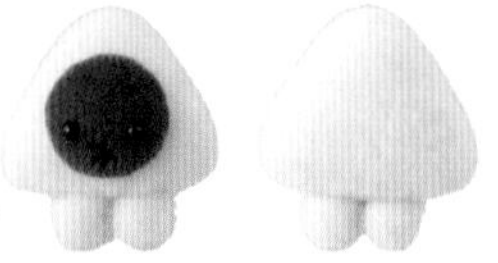

作品⇒P.31

材料

- ミニチュアファブリック …… 白：5×7cm、赤：3×3cm
- 黒の25番刺繍糸（またはボタンつけ糸） …… 2～3本どり15cmくらい
- 黒のさし目 …… 直径2.5mm：2個
- つぶ綿 …… 適量
- ナイロン製手縫い糸

型紙

- 各パーツは2～3mmの縫い代をつけて裁つ

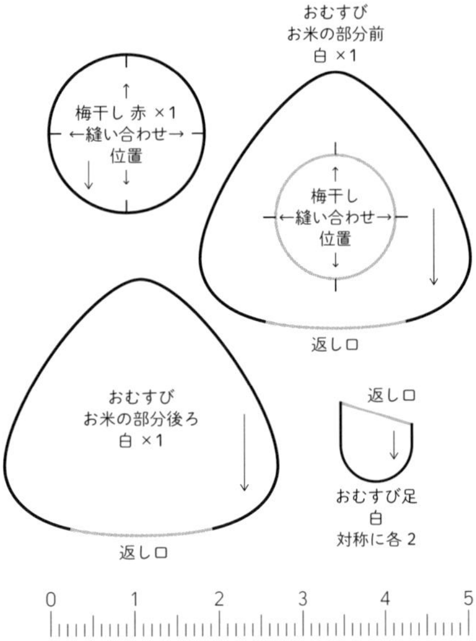

できあがりサイズ：縦3.4×横3.4cm

つくり方 ※見やすくするために、布は違う色のものを代用しています。

1 **P.40-1～3と同様にして、布をカットします。**

2

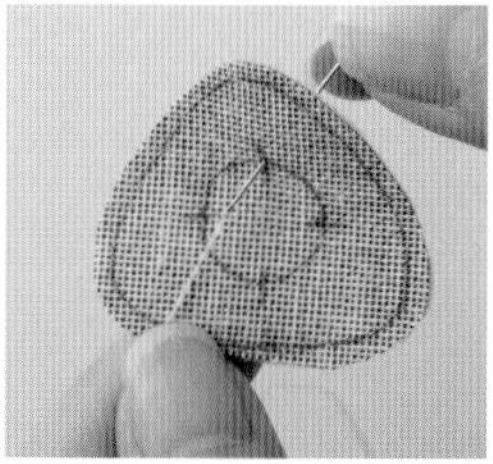

「梅干し」をコの字とじで縫いつけます。「おむすびお米の部分前」に梅干し縫い合わせ位置の12時のところに裏から針をさします。

3

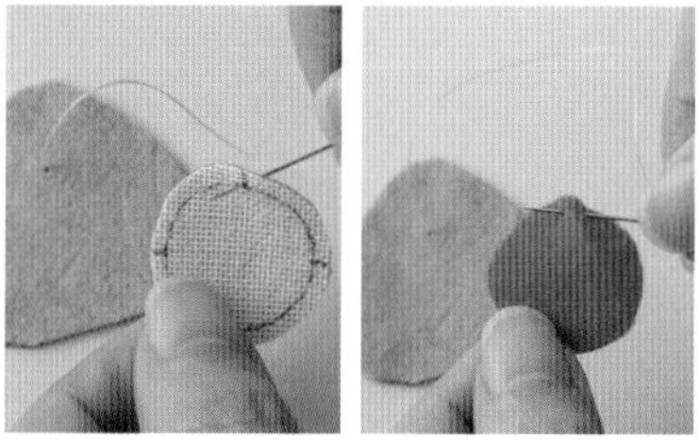

「梅干し」の縫い合わせ位置を表からすくいます。右は表から見たところ。

4

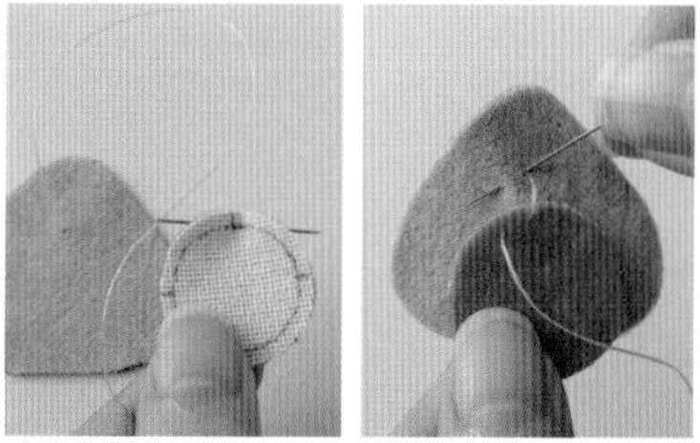

縫い合わせ位置を合わせながら反時計まわりに縫い進めます。

5

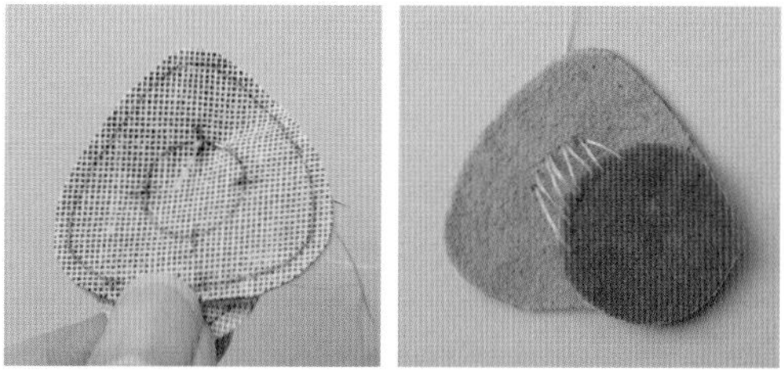

できるだけ細かく縫うのが、きれいな丸にしあげるポイントです。

6

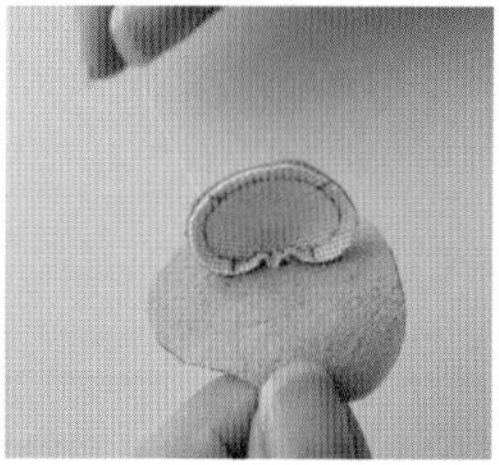

ひと針ずつ糸を引っ張って縫い進めます。

7

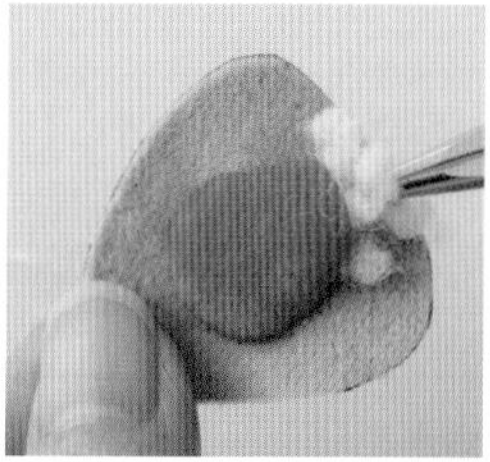

縫い合わせ位置の残り1/4のところまで縫い進んだら、つぶ綿を詰めます。

8

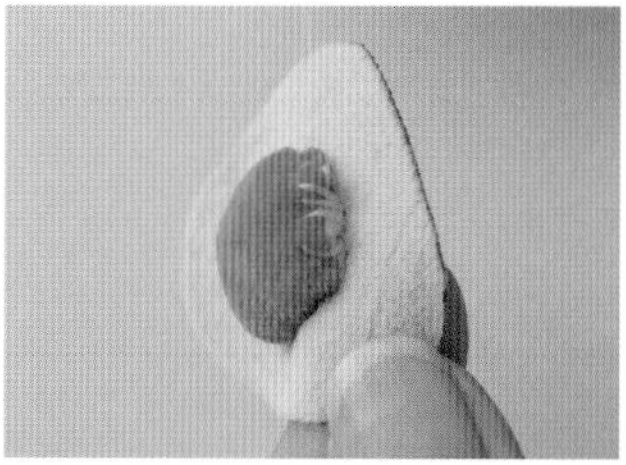

残りの部分を縫い合わせます。

9 梅干しの下の位置にすっぱい口（✱）を刺繍します。

10 海苔おむすび**3～5**と同様にしてつくります。

11 **P.46-50、51**と同様にして目をつけます。

イガ栗と栗ぼうや

作品⇒P.32

材料

- ミニチュアファブリック …… こげ茶：4×6cm、ベージュ：4×4cm
- こげ茶のハードチップモヘア（毛先を固め、トゲトゲした特殊加工の布。ソフトファーなどでも代用可）…… 14×7cm
- 口用：ピンクのスエード（またはフェルト）…… 1×1cm以上
- キョロ目、歯用：白のスエード …… 少量
- 黒のさし目 …… 直径2mm：2個
- つぶ綿 …… 適量
- ナイロン製手縫い糸

準備しておくこと

- P.39を参照して、キョロ目をつくっておきます。

つくり方

1 P.40-1～P.41-6と同様にして、布をカットし、口をつくります。

2 「栗頭」と「栗座」を半返し縫いで縫い合わせます。

3 P.73-2～8と同様にして、「イガ」1枚に縫い合わせ位置を合わせて2を半返し縫いで縫いつけます。

4 3ともう1枚の「イガ」を中表に合わせて半返し縫いをします。カーブにそってハサミで縫い代に切り込みを入れ、返し口をペンチで挟んでひっくり返し、つぶ綿を詰め、返し口をコの字とじで縫い合わせます。縫い合わせたところのモヘアは引き出します。

5 P.46-46～51と同様にして歯とキョロ目をつけます。

型紙

- 各パーツは2～3mmの縫い代をつけて裁つ

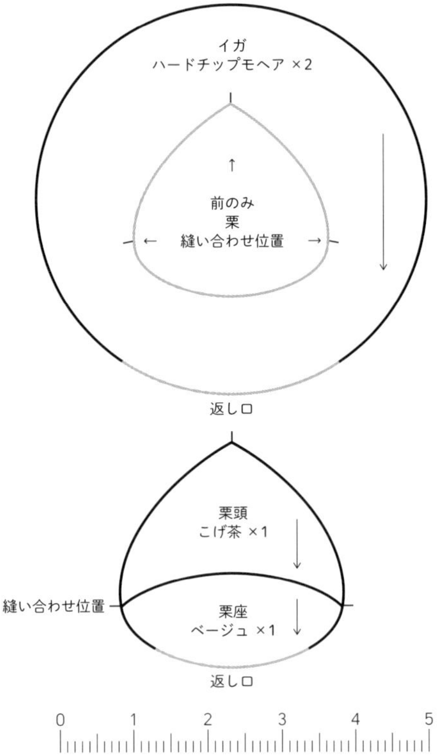

できあがりサイズ：
イガ栗／縦5×横4.5cm
栗ぼうや／縦2.5×横2.8cm

※「栗頭」「栗座」の型紙を2枚ずつ用意し、つくり方2のあとに中表に合わせて半返し縫いをし、カーブにそってハサミで縫い代に切り込みを入れ、返し口をペンチで挟んでひっくり返し、つぶ綿を詰め、返し口をコの字とじで縫い合わせると、栗ぼうやになります。

だっこしてコアラ

作品⇒P.33

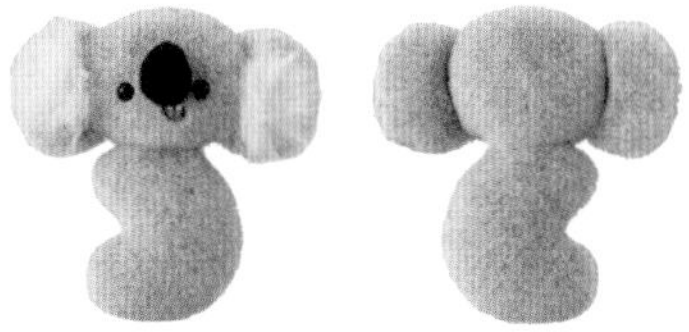

材料

- ミニチュアファブリック …… グレー：7×7cm
- 耳中用：白のソフトファー …… 3×2cm
- 口用：ピンクのスエード（またはフェルト） …… 1×1cm以上
- 歯用：白のスエード …… 少量
- 黒のボンテン …… 直径8mmまたは10mm：1個
- 黒のさし目 …… 直径2.5mm：2個
- つぶ綿 …… 適量
- ナイロン製手縫い糸

準備しておくこと

- 鼻にする黒のボンテンをしずく形にカットしておきます。

つくり方

1 P.40-1～P.41-6と同様にして、布をカットし、口をつくります。

2 「耳中」のソフトファーの裏の端にほつれどめ液をつけて乾かします。

3 「耳外」に2を縫い合わせ、「耳後ろ」と中表に合わせて半返し縫いをします。カーブにそってハサミで縫い代に切り込みを入れ、返し口をペンチで挟んでひっくり返し、つぶ綿を詰めます。

4 「コアラ頭」2枚を中表に合わせて半返し縫いをし、途中、耳のつけ位置に合わせて3を向きに注意して挟んで縫い進めます。

5 4のカーブにそってハサミで縫い代に切り込みを入れ、返し口をペンチで挟んでひっくり返し、つぶ綿を詰めます。

6 「コアラボディ」2枚を中表に合わせて半返し縫いをします。カーブにそってハサミで縫い代に切り込みを入れ、返し口をペンチで挟んでひっくり返し、つぶ綿を詰めます。

7 P.43-22～29と同様にして、5と6をコの字とじで縫い合わせます。

8 P.45-38～41と同様にして、顔の中心に鼻を縫いつけます。

9 P.46-46～51と同様にして歯と目をつけます。

型紙

- 各パーツは2～3mmの縫い代をつけて裁つ
- 耳外と耳中は別に裁ち、それぞれに縫い代をつける

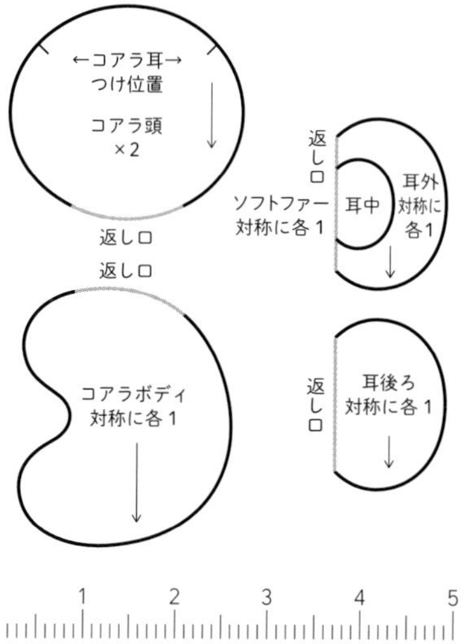

できあがりサイズ：縦4×横4cm

ガイコツおばけ

作品⇒P.34

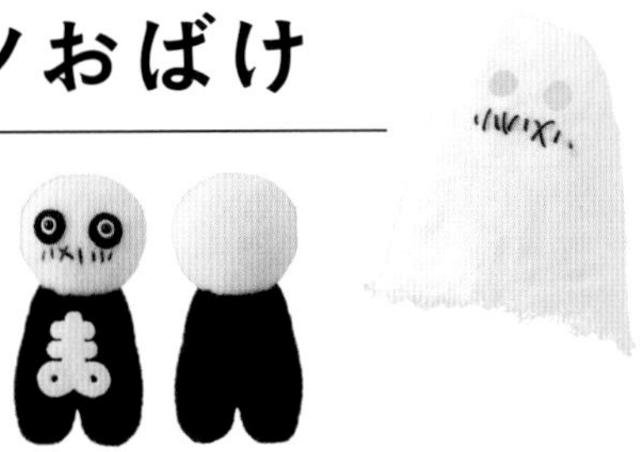

材料

- ミニチュアファブリック …… 黒：7×4cm、白：3.5×6cm
- 骨用：白のスエード（またはフェルト） …… 3×2cm
- キョロ目用：黒、白のスエード（またはフェルト） …… 少量
- おばけ頭巾用：白のリネン …… 7×12cm
- 黒の25番刺繍糸（またはボタンつけ糸） …… 2本どり20cmくらい
- 黒のさし目 …… 直径1.8mm：2個
- つぶ綿 …… 適量
- ナイロン製手縫い糸

準備しておくこと

- P.39を参照して、キョロ目をつくっておきます。

つくり方

1 P.40-1〜3と同様にして、布をカットします。

2 「ガイコツ頭」1枚の中心よりやや下のところに、糸でざっくりと口を刺繍します。

3 2ともう1枚の「ガイコツ頭」を中表に合わせて半返し縫いをします。カーブにそってハサミで縫い代に切り込みを入れ、返し口をペンチで挟んでひっくり返し、つぶ綿を詰めます。

4 「ガイコツボディ」2枚を中表に合わせて半返し縫いをします。カーブにそってハサミで切り込みを入れ、返し口をペンチで挟んでひっくり返し、つぶ綿を詰めます。

5 P.43-22〜29と同様にして、3と4をコの字とじで縫い合わせます。

6 「骨」の裏に接着剤をつけ、ボディの中心に貼ります。

7 P46-50と同様にして目の位置を決め、目打ちで穴をあけます。

8 黒のスエードを直径6mmに2つカットします。

9 8にキョロ目をさし、スエードの裏とさし目の足の先端に接着剤をつけ、7であけた穴にさし込みます。

型紙

- 各パーツは2〜3mmの縫い代をつけて裁つ

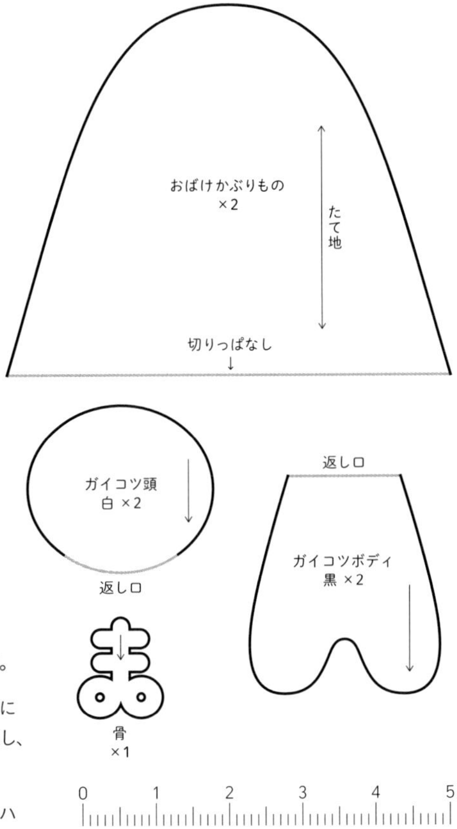

できあがりサイズ：
ガイコツ／縦4.5×横2.2cm
おばけかぶりもの／縦5×横5cm

10

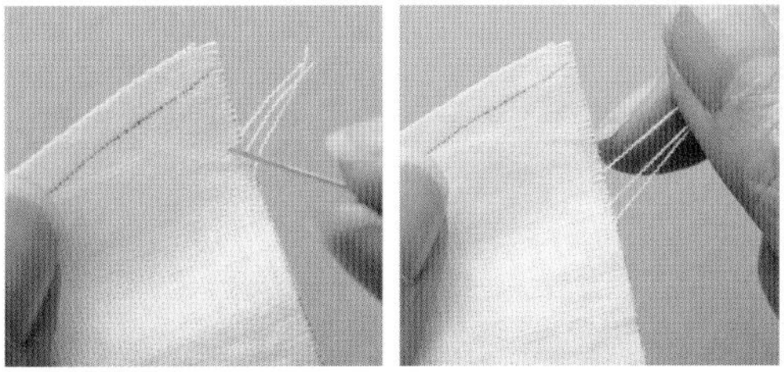

かぶりものをつくります。「おばけかぶりもの」2枚の切りっぱなし部分の横糸を針で引っ張り出し、指でつまんで抜きます。

11

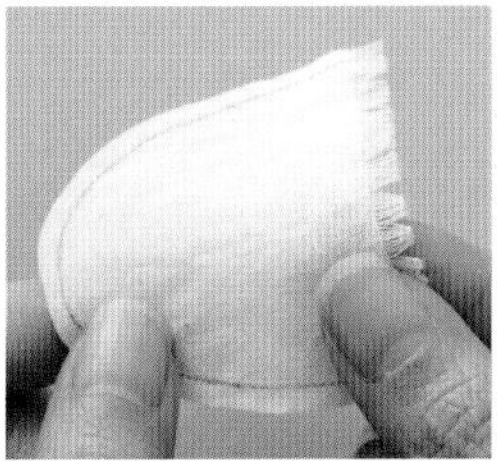

そのままねじったり、こすったりして、ボサボサした感じに仕上げます。

12

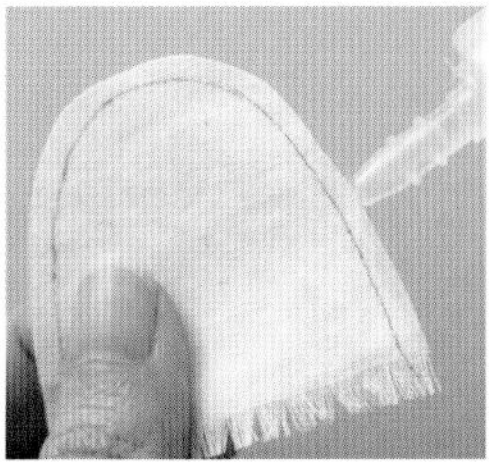

カーブの部分にほつれどめ液をつけます。2枚を中表に合わせて半返し縫いをします。ミシンで縫ってもOKです。

13

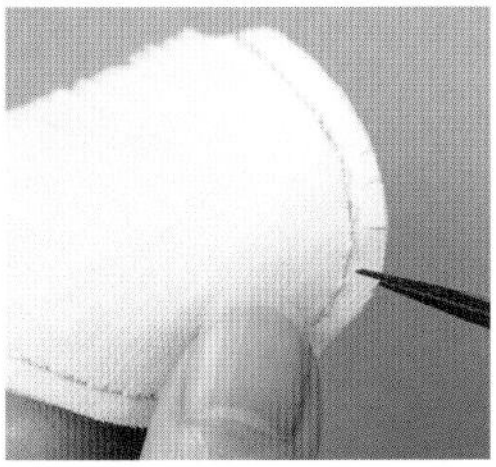

カーブにそってハサミで縫い代に切り込みを入れます。

14

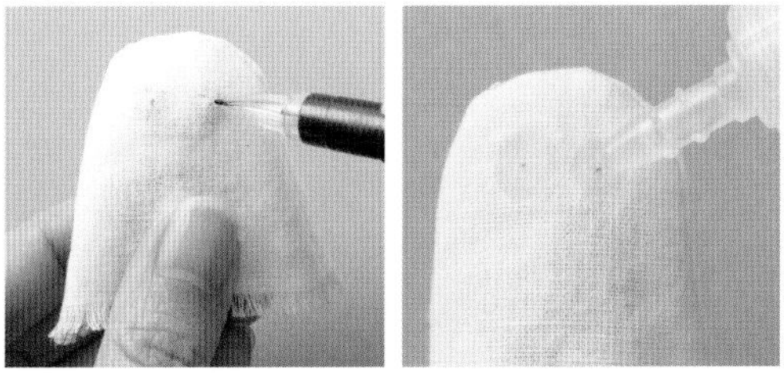

ガイコツにかぶせて目の位置を確認し、チャコペンで印をつけます。印の部分に、ほつれどめ液をつけて乾かします。

15

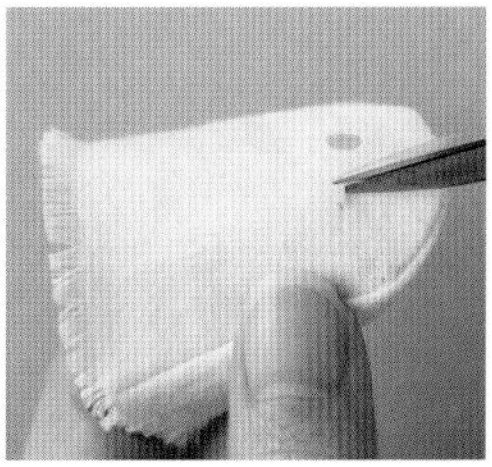

14でつけた印にハサミの先をさして、丸くくりぬきます。

16

ガイコツにかぶせ、目がきちんと見えるか確認します。

17

目の穴下あたりに、糸でざっくりと口を刺繍します。

著者プロフィール

aska.《アスカ》

Twitter
@tick_n_tack

Instagram
@ticknack

高知県生まれ。
「ヌノにイノチをあげたい」をテーマに「tick 'n' tack」という屋号で活動。
何気なく描いていたラクガキを立体にできないかと思い、2009年より独学でぬいぐるみの制作をはじめる。

手にとったときに思わずふっと笑顔になってもらえるようなモノづくりを心がけながら、てのひらにおさまるちいさなぬいぐるみを制作。すべてが手縫いの1点もののためなかなか手に入らないぬいぐるみとして話題に。カプセルトイとして商品化、メディア取材なども多数。

普段はつくりたいモノをスケッチし、型紙をつくらず、直接布に描いてカットして縫っていきます。いくつかつくってみて、慣れてきたら、この方法もぜひ試してみてください。自分が思い描いていたのとはまた違ったぬいぐるみに出会えるかもしれません。

HEISEI

クスっと笑《わら》えるモチーフ34点《てん》

ちいさな　ちいさな　ぬいぐるみ

2023年6月15日　発　行　NDC594

著　　者　aska.《アスカ》
発 行 者　小川雄一
発 行 所　株式会社 誠文堂新光社
〒113-0033 東京都文京区本郷3-3-11
電話03-5800-5780
https://www.seibundo-shinkosha.net/
印刷・製本　株式会社 大熊整美堂

ISBN978-4-416-52373-5

Staff

編集／土田由佳
撮影／福井裕子
装丁・デザイン／
木村由香利(986DESIGN)
型紙トレース／aska.
イラスト／小池百合穂(P.38、39)

撮影協力

AWABEES
東京都渋谷区千駄ヶ谷3-51-10
PORTAL POINT HARAJUKU 5F
TEL:03-6434-5635

UTUWA
東京都渋谷区千駄ヶ谷3-50-11
明星ビルディング1F
TEL:03-6447-0070

HIYOKO
CAPYBARA
SUDACHI
BAKU
BOUSHI
RIBBON
HAKO TISSUE
HONYUBIN
EDAMAME
WINE
SUSHI
SANDWICH
NIKU
IRUKA
JAGAIMO